Karl Peter Kisker

Mit den Augen eines Psychiaters

Ferdinand Enke Verlag Stuttgart 1976

Prof. Dr. med. Dr. phil. K. P. Kisker
Karl-Wiechert-Allee 9
D-3000 Hannover-Kleefeld

CIP-Kurztitelaufnahme der Deutschen Bibliothek

Kisker, Karl Peter
Mit den Augen eines Psychiaters. –
Stuttgart : Enke, 1976.
ISBN 3-432-88801-5

Druck: Offsetdruckerei Karl Grammlich KG, Pliezhausen

Vorwort

„Freilich sind, sieht man nur näher hin, die meisten Begriffe der Psychologie um nichts ‚brauchbarer', auch um nichts schärfer als diese."
P. Valéry: „Die fixe Idee."

Maler, die noch landschaften, betrachten ihr „Motiv" gelegentlich hängenden Kopfes durch ihre Beine. Wer nächtens ein fernes Licht im Auge behalten will – es muß nicht gleich ein Stern sein –, dem wird geraten, um ein weniges daran vorbei zu blicken. Den Anderen erfährt, wer es aufgibt, ihn fragend vor sich zu nehmen. Der nächste Weg zu einem Ziel garantiert nicht schon, daß man es auf ihm erreicht.

Das Erfahren der Psychologen, erst recht das der Psychopathologen, geht vielerlei Wege. Manche dieser Wege sind identisch mit den ausgefahrenen Straßen, auf denen die Ralley der Naturwissenschaftler läuft, *straight forward,* auf den Fersen der „Sache", die Verifikations-Karte aufs Knie geschnallt, im Hornhautspiegelchen die Richtigkeit des Hinblickens. Andere Wege des Psychiaters ähneln eher denen, auf welchen die Helden des *James Fenimore Cooper* dahinglitten, sein Bienenjäger *Le Bourdon* etwa. Ein „Ziel" als Ende des Weges gibt es da selten. Das Ziel ist vielmehr die Weise, wie der Weg selbst, sei's auch irrend und über Umwege, genommen wird. Nicht was „herauskommt" aus dem Gespräch mit einem verstörten Menschen zählt, sondern was sich dabei zutrug, wechselseitig. Psychopathologischer Scharfsinn beruht auf kontrollierter Unschärfe. Er entdeckt in Zwischentönen. Dazu braucht es, wie *Freud* unüberholbar gelehrt hat, den Verzicht aufs Zugreifen, eine Empfänglichkeit: genügsam, „schwebend".

Dieses Buch versammelt einiges aus dem, was ich, als Psychiater, in zwei Jahrzehnten erfuhr und überdachte. Wer sich hineinliest, wird bald gewahr, wie wenig das, was so ein psychopathologischer *homo faber* niederschreibt, abzutrennen ist von seiner persönlichen Philosophie, von dem, was er für Nächste, Übernächste und für die Polis ist.

Einiges hier Vorgelegte ist in Grundzügen in wissenschaftlichen Zeitschriften oder an abgelegeneren Orten publiziert worden. Anderes leitet sich aus Vorträgen der letzten Jahre her. Manches wurde aus der Schublade gezogen. Alles ist so bearbeitet worden, daß es meinem heutigen Augenmaß einigermaßen genügt.

Autoren bestehen im allgemeinen auf dem Vorrecht anzunehmen, was sie schrieben und redeten, verdiene Verbreitung im Druck. Ich mache darin keine Ausnahme, auch nicht in der Rechtfertigung, welche in den Vorworten zur verpflichtenden Gewohnheit wurde.

So disparat einige Kapitel dieses Buches nach Titel und Tonfall auch sein mögen, ihr roter Faden ist doch leicht zu greifen: Einübung in der Ko-Existenz mit abwegigen Menschen durch geduldige, hartnäckige Reflexion auf das, was sie mit uns und uns mit ihnen vermittelt, durch ein Mediatisieren also, und zwar unter dem Vor-Urteil wechselseitiger Kon-Genialität, Kon-Substanzialität. Ich bin darin weder mit philosophischer Gründlichkeit noch mit psychopathologischer Akribie zu Werke gegangen.

Zur ersteren fehlt mir das Handwerkszeug. Aber ich denke bisweilen, Philosophen von Geblüt, die ihr Métier nicht als soundsovielte Wiederbelebung einer *science of science* (neueste Version: *K. Popper*) sähen, würden in dem Terrain, das ihnen um 1800 durch uns Alienisten abgenommen wurde[1], heute wieder Entdeckungen machen. Sie könnten sich ermutigen lassen durch Psychiater, die, ohne zur Philosophie überzugehen, als solche philosophisch wurden und es blieben, wie *Ludwig Binswanger,* oder durch Philosophen wie *Michel Foucault,* der Philosoph auch dann blieb, als er der Psychiatrie in der Konstruktion ihres geschichtlichen Ortes zeigte, was in ihr geschieht.

Zur Genauigkeit der Psychopathologen aber ermangelte ich – und ermangele je länger umso mehr – des Zutrauens. Unmittelbarer: Ich traue der tradierten Psychopathologie, bei deren Endausbau ich bescheiden handlangerte, nicht zu, daß sie Bereitschaft und Liebe zu einem Tun fördert, das mir jetzt und hier am Herzen liegt und das ich nicht genauer benennen könnte, als *Hemmo Müller-Suur*[2] es tat: „. . . den Kranken zu helfen, verrückt sein zu können", ihnen „in der unabwendbaren Not der Psychose" so beizustehen, daß sie in die Lage versetzt werden, ihr „Verrückseinkönnen" zu gestalten. „Den Kranken in ihrem Kranksein helfen", dazu bringt die wissenschaftliche Psychopathologie wenig.

Ich sehe ab, daß fachkundige Leser dies Werkchen auf weite Strecken spekulativ finden werden, wenn sie es gut mit ihm meinen. Das wäre mir Lobes genug, denn nichts anderes als hier und da für ein Stück psychiatrischer Wirklichkeit *Speculum* zu sein, lag mir im Sinne. Minder Wohlwollende und aufs fachpolitische Katalogisieren Versessene werden darin „Anti-Psychiatrie" wittern. Solche Leute unterschätzen die Spannweite der Psychiatrie und das, was in ihr von Menschen gewirkt und gedacht werden kann, welche von *Müller-Suur* – wiederum trefflich – „Psychiater mit Gefühl" genannt werden. Wo Orthodoxie ist, produziert sie bald Haeresie.

---

1 Und das der geniale Gast-Psychiater *Karl Jaspers,* Philosoph werdend, infolge eines philosophistischen Mißverständnisses verließ.

2 „Die Kunst *Wölflis* als Problem für die Psychiatrie" (unveröff. Manuskript).

Weniges ist mir lästiger als fachliche Mode mitsamt ihren Gerinnungsformen: Schule, Lehr-Meinung, System. Know-how-Kataloge und Handwerkstraditionen leisten gut und gerne das ihrige in den Wissenschaften, soweit die ihre Gegenstände erfassen, indem sie sie herausfordern. So bestimmt *Heidegger* die zugreifende, appetitive Art, in der sich die Wissenschaften (nicht nur die technisch-naturalen, aber sie vor allem) heutzutage verstehen. Er sieht darin ein Verhängnis, und in skeptischen Stunden folge ich seiner Ansicht ein Stück weit.

Die Psychiatrie wäre keine rechte Wissenschaft – also keine Anhäufung von Erfahrungs- und Verhaltens-Techniken, angesetzt auf den Gegenstand „Verrücktheit" und auf das, was sich um sie gruppiert –, hätte sie diesen Erkenntnis-Appetit nicht. Diese Seite ihrer selbst kommt immer dann zum Zuge, wenn sie sich auf Verrücktheit als Krankheit einstellt. Das geschieht zumeist in ihrer biologischen, aber auch in ihrer psychologischen und soziologischen Forschung, wenn diese sich in die „Grundlagen" des Gegenstandes „Verrücktheit" verbeißt, und selbstverständlich auch in der klinischen Forschung und Praxis, dies alles aus guten und ehrenwerten Gründen. „Verrücktheit" nach einem naturalmedizinischen oder einem psychosozial-technischen Modell zu konstruieren und entsprechend hantierbar zu machen, kann ungemein entlasten, die Forschenden und die Therapeuten ebenso wie die als „Patienten" oder „Deviante" deklinierten Verrückten.

Verbleibt es bei diesem Typ des psychiatrischen Know how, kann sich das ungute Gefühl einstellen, der Verrückte selbst werde in solchen Inszenierungen, die ihm die Rolle des von „Krankheit" Befallenen, des psychologisch Ungenügenden, des sozial Abweichenden zuweisen, um ein ihm eigentümliches Recht geprellt. In den bestimmbaren Arten und den analysierbaren Gründen seiner Verrücktheit geht der Verrückte nicht auf. Übersieht die Psychiatrie das, so versäumt sie, was *Henry Ey* – wenn meine Verehrung recht hat, bedeutendster europäischer Psychiater – ihre Chance nennt, sich als „Pathologie der menschlichen Freiheit" zu entwerfen und sich so alle Erfahrungen zu verpflichten, die auf diese Freiheit zielen.

Wenn das so ist, werden neue, andersartige Fragen notwendig, Fragen, die gegenüber den Antworten, welche der Verrückte gibt, nichts voraus haben, am wenigsten den Anspruch, aus einem Umkreis „besseren Wissens" gestellt worden zu sein. So gesehen, gerät psychiatrisches Erfahren in einen dialogischen Zugzwang[1]. Hier fordert das Wissen nichts heraus. Es will vielmehr etwas hervorbringen, was sich als es selbst allenfalls in Erscheinungen zeigt, denen *Freud* den Namen „Abkömmlinge" gab – ein in seiner späteren Verwendung meist zu kurz gezogener Begriff.

---

[1] Diesem (durchaus milden) Zwang stellte ich mich erstmals entschiedener in einem Essay an den Grenzen der Anthropologie unter dem Titel „Dialogik der Verrücktheit" (1967).

So weit einiges über den Lauf des roten Fadens, an dem die Gedanken dieses Büchleins abgespult werden. Versuche in einem dialogischen Erfahren des Verrückten (und zwar im bilateralen Sinne dieses Genitivs) geschehen als auslegendes Verstehen des Nichtselbstverständlichen. Als deutender, dechiffrierender Umgang mit Phänomenen, in welchen die Geheimnishaftigkeit alles Menschlichen sich steigert, können sie Anleihen bei einer Auslegungskunst machen, die durch die Geisteswissenschaften, zumal die historischen, zur hermeneutischen Methode ausgebildet wurde.

Was in diesem Buch abgehandelt wird, zweigt auf weite Strecken in diesen Weg ein. Je länger ich meinen Berufsweg gehe – ein Mann von fünfzig Jahren hat ihn mindestens zu zwei Drittel abgeschritten –, umso vordringlicher erscheint es mir, ein Verstehen auszubilden, dessen Kunstfertigkeit vor dem Unselbstverständlichen bestehen kann, das des Psychiaters tägliches Brot ist. Dieser Erfahrungszweig ist so un-natürlich, wie er sich an die *Geschichte* dessen hält, was sich als das Nichtselbstverständliche zugleich zeigt und verbirgt. Die hier zu gehenden Wege sind durch und durch kasuistisch, historisch.

Im psychiatrischen Métier waren und sind Psychoanalytiker häufig fähige Hermeneuten. Psychoanalyse ist Hermeneutik par *excellence,* wenn sie nicht im Gehäuse, sondern aus der Laubhütte heraus geübt wird. Ganz gegen die Intentionen der Klassiker der Psychopathologie wahren heute überwiegend Analytiker die besten Traditionen dieser Disziplin, deren Entdeckungen im verborgenen blühen. Ihnen gesellt sich ein Häuflein von Psychiatern und Psychologen zu, an zwei Händen herzuzählen, welche „Phänomenologie" (zumeist Aufbereitungen der *Husserl*schen) in anthropologische und psychopathologische Dienste nehmen[1]. Wenn meine Gedanken partout auf eine „Richtung" bezogen werden sollten, so fänden sie in dieser Forscher-Minorität ihre beste Gesellschaft.

Der Leser wird in diesem Buch nicht nur Filigrane verstörten Lebens verstehend ertastet finden. „Psychiater mit Gefühl" sind alles andere als gefühlvolle Psychiater und keineswegs nur Rezeptakulum, nicht ganz Ohr für Unerhörtes. Sie sind – und sei's *nolens volens* – wo nicht Aktivisten so doch Advokaten dieser *anderen Welt,* die sich in der Verrückt-

---

[1] *Ludwig Binswanger* hat sein Leben lang diesen Weg gebahnt. Hier ist nicht der Ort, auf die wenigen eigenwilligen Geister hinzuweisen, die diesen Weg, der, gemessen am amerikanisierten Wissenschaftsbetrieb der Gegenwart, ein abendländischer und daher ziemlich verlorener Weg ist, heute weiter verfolgen. Den besten Überblick vermittelt *H. Spiegelberg.* Den entschiedensten klinischen Bezug wahrt in dieser „Bewegung" *H. Tellenbach.* Die Werke von *D. Wyss* sind der überzeugende Fall einer produktiven Verbindung von Psychoanalyse und Phänomenologie.

heit so anders organisiert als unsere durch Vernunft eben noch balancierte Welt. Die zwischen beiden Welten vermittelnden Therapeuten sind wie Transmissionsriemen oder Simultandolmetscher beträchtlichem Verschleiß ausgesetzt. Den langen Tag mit den Abwegigen zu teilen und den Eruptionen ihres Unbewußten (ihren „Primär-Prozessen", so lautet die neutralisierende Fachsprache) ausgesetzt zu sein, wie es das Amt zumal der pflegerischen unter den Psychiatrie-Therapeuten ist, nimmt mit. Man versteht, daß die Therapeuten Quietive für ihre Beunruhigung suchen und brauchen, zur Zeit etwa den nützlichen Slang der „Gruppendynamik", der es ihnen allzeit, wenn sie unter sich sind, auszudrücken gestattet, wie „gestört", wie „wenig wohl" sie sich fühlen, oder wie „gut" es ihnen jetzt geht, nachdem sie einander halfen, mit diesem oder jenem Beklemmenden „umgehen" zu können. Man erlaube uns solche und ähnliche Mittel, selbst wenn sie uns gelegentlich der nicht stets witzig gemeinten Vermutung aussetzen, die Eigenfarbe unseres Terrains angenommen zu haben. Wir gehen einem Beruf nach, den *Freud,* der damit auch den seinen meinte, einen „unmöglichen Beruf" genannt hat.

Es strengt nicht weniger an, das Eigenrecht der *autre monde* in *dieser* Welt zu behaupten. Die Therapeuten spielen dabei eine strapaziöse Doppel-Rolle. Ineins Advokaten zweier Parteien, müssen sie oft bei ein und derselben Verhandlung auf Freispruch und Schuldspruch plädieren. Bei allem ist die Vertretung der Rechte der *autre monde* bei den hiesigen Drücker-Instanzen das ungleich schwierigere Geschäft, da diese uns als *ihre* Delegierten sehen. Dabei haben sie die Geschichte durchaus auf ihrer Seite. Zudem werden wir Psychiatrie-Funktionäre von ihnen bezahlt. Vor dem bedenklichen Vorsitzenden des Schwurgerichts, den wiegenden Häuptern der Stadtväter und dem sorgenvoll dreinblickenden Universitätskurator, vor den nach oben gekehrten Handtellern des Sozialamtschefs und der wegwerfenden Gebärde des Arbeitsvermittlers stehen wir da mit unseren Zöglingen, und es hat dann nicht einmal geholfen, daß wir sie mit dem entliehenen Sonntagsanzug halbwegs vertrauenswürdig aufmachten.

Wie man im Dschungel einer verwalteten Welt Schleichwege gehen lernt mit den Abwegigen, wird in den psychiatrischen Büchern nirgendwo gelehrt. Solche Techniken bilden aber den Kern dessen, was sich seit einigen Jahren als „administrative Psychiatrie" abzeichnet. Zwischen den Zeilen der folgenden Kapitel ist hier und da von den doppelbödigen Beweggründen die Rede, welche Psychiater dazu bringen können, eine Tarnkappe aufzusetzen oder gar von den ihnen Anbefohlenen die Narrenkappe zu borgen, um ihre Schäflein ins Trockene zu bringen. Züge und Winkelzüge dieser Art gehören zur Ethik und Strategik einer „administrativen Psychiatrie", die ihrer Ausarbeitung in solcher Richtung noch harrt.

Die gedrängt-drängende Niederschrift mancher Partien des Folgenden steht dem Aperçu näher als dem Argument und bedarf der Nachsicht derjenigen Leser, die einen wissenschaftlich formulierten Text erwarteten, oder anderer, die mit dem Epigrammatischen und Rhetorischen nicht auf gutem Fuße stehen. Das hastige Leben des Klinikers entschuldigt diese Zumutung nicht. Ich bekenne dem Schatten eines verehrten Lehrmeisters, *Kurt Schneider*, mangelnde Gelehrigkeit. Er schrieb vor 25 Jahren auf meine erste psychopathologische Arbeit den *Hagedorn*schen Zweizeiler:

> „Du irrst, mein Freund, wenn du zu kurz in deiner Schreibart bist.
> Halt deinen Leser nicht für klüger als du bist"

und er unterließ nicht hinzuzufügen, er sei „als Alexandriner zu lesen".

Frau Dr. *M. Kuhlmann* und Herrn *Dietrich Enke* schulde ich Dank für allen verlegerischen Rat und Mut.

Hannover, Mai 1976 *K. P. Kisker*

Inhalt

1. Das Ich in Einzelhaft und die verrückten Folgen

„Sie kennen sich selbst, aber ihr Selbst nicht, das einzige Fenster, durch das sie ihr Dasein betrachten."
Thornton Wilder: „Der achte Schöpfungstag"

Ich und Anderer

Die Gewißheit, daß ich nicht Urheber meiner selbst bin, und die Erfahrung, daß mein Werden einen Vorgang ausmacht, der sich zumeist der Gnade des oder der Anderen verdankt, können mich bis an die Wurzel kränken. Vieles setze ich in meinem Gegen-den-Strich-leben in Gang, mir und Anderen die Spur zu verwischen, die mich als Kreatur kenntlich macht, als biologische oder spirituelle. Ja, je emanzipativer ich dies arme Ding „Ich" strapaziere – spätestens seit *Freud* verlor sich die Illusion, es sei „Herr im eigenen Haus" – umso tiefer verwickle ich mich in das vorgegebene Statut meiner Ohnmacht. Gerade das Heutzutage gibt mir von der Geburt meines Ichs bis zu seiner sozialer Abtötung alle Hände voll zu tun, mich den nächsten und übernächsten Anderen zu entwinden: den Eltern zumal und all ihren Vor- und Nach-Läufern, die ich mir selbst aus dumpfer Nötigung zu produzieren scheine. Die Mutter vor allem, diese erste Andere vor allen Anderen, sie kommt bei jenen, welche die zeitgenössische Hatz auf die Familie mithalten, zur primordialen Terroristin herunter. Man wird gelehrt, von ihr und zu ihr zu sagen, daß man sie nicht kenne; daß man mit ihr, die einen aus dem Leibe stieß, nichts zu schaffen habe; daß sie sich hinwegheben könne. Einleuchtend, daß es einige Repräsentanten der modischen Anti- und Polit-Psychiatrie sind, welche die Etikettierung der Familie zum „Terrorzusammenhang" propagieren. Sie leugnen unsere Möglichkeit, unverantwortet in den Wirbel der Verrücktheit zu geraten und empfehlen folglich den drakonischen Ausbruch aus dem Dunstkreis des primordialen Sozialstalls als schmerzlich-beherzten Schritt der Initiation des Ich. Fortan kann ich mich autonom, Urheber meiner selbst wähnen. Bin ich je wieder versucht, mich bei diesem oder jenem Anderen in Verwahrung zu geben, so gilt das als Niederlage und Regreß.

Die Rede vom Progreß des Ich, seine Vereidigung auf Autonomie, legitimiert heute jene Ereignisse des privaten und öffentlichen Austausches der Individuen, die man als Bildungsvorgänge wichtig zu nehmen gewöhnt wird. Bildung gilt als Veranstaltung, welche mich zu meinem höchsteigenen Ich befreit. Das Bildungsprodukt Ich wird aber bestenfalls abgerichtet zum Instrument einer Leistung für implantierte Zwecke und eines „kommunikativ“ genannten Umganges mit synthetischen Menschen-Agglomeraten, genannt Gruppen, Kollektive o. ä. Werden im Bildungsvorgang Geständnisse laut über eine unbehebbare Uneigentlichkeit des Ichs im Sinne seiner unausrottbaren Konstitution im Anderen, so erscheint solche Rede als ein Einbekenntnis von Schwäche, zumindest von mangelnder Stärke des Ichs, womöglich auch von Ich-Pathologie. Man meint: eines Anderen Beute zu sein oder umgekehrt, sei verwerflich, auch dann, wenn es aus Liebe geschehe. Denn Liebe sei Marsch zweier Ichs im sozialen Feld, Schulter an Schulter, von Linienrichtern gemustert. Oder gestraffte genitale Aktion, in der es die Sache des Einen sei, einzudringen und auszuziehen, die Sache der Anderen, einzuholen und auszustoßen. Ichs sollen, wenn sie maturiert und kultiviert sind, an und für sich sein. Halten sie es bei sich, einsam berstend, nicht aus, dürfen sie sich zusammentun, sich paaren, vergruppen und vergesellschaften, aber nach hantierbaren, durchsichtigen Regeln. Wie sich das eine Ich bei dem anderen deponiert und umgekehrt, muß der gesellschaftlichen Buchprüfung zugänglich bleiben. Denn im Störungsfall, wenn etwa ein Sohn sein in ihr untergebrachtes Ich zugleich mit der Mutter tötet, oder wenn jeman sonstwie aus der Reihe gängiger Erwartungen tanzt, soll das Ich als Ich sofort identifiziert werden können. Seine Beziehung zu Anderen, mit denen es sich zusammentat, muß nach Anspruch und Verbindlichkeit berechenbar bleiben. Zu dem oder den Anderen kann ein Ich „für“, „gegen“, „mit“ oder wie immer sein, schlechterdings aber nicht „aus“, „vom“ oder gar „im“ Anderen. Das aufgeklärte Ich haftet einzeln. Die Einzelhaft ist sein Gütezeichen.

Leugnet ein Ich diese Brandmarke, lehnt es ab, ein Solitär zu sein, gibt es seine Verhaftung in dem oder den Anderen preis, erhebt es keinen Anspruch darauf, ein eigenes zu sein mit den dazu gehörigen Eigentümern und Eigenschaften, dann beginnt das Etikettierungs-Rondo. Dann wird gewürfelt und nicht selten so, daß schon vor dem Fall der Würfel ausgemacht ist, welches Ich als abwegiger „Fall“ bestimmt wird. Es bedarf dann nur noch eines kleinen sprachlichen Schiebe-Tricks, damit aus dem „Fall“, den die Konsensusgemeinschaft der reifen Mitbürger erwürfelt, jener „Casus“ der Psychopathologen wird, dessen Zustandekommen *G. Hofer* Jahre vor den Labeling-Theoretikern überdacht hat. Sich-fallenlassen und Fallen-gelassen-werden schlagen in und über dem Fall zusammen.

Aufbereitung zum „Fall“

In den „Fall“ gerät, wer etwas auszuplaudern beginnt von der maßlosen Besessenheit seines Ichs durch den oder die Anderen, und korrelativ:

von der nicht minder maßlosen Einvernahme des oder der Anderen durch sein Ich. Kasuistisch wird, wer radikale Beteiligung an dem oder den Anderen reklamiert und dabei aus dem eingetrichterten Altruitätsjargon der Alltäglichkeit ausbricht. Wer nicht mehr mitspielt und der entscheidenden Ursache seiner selbst nicht mehr die Fassung einer geregelten sozialen Genesis geben kann, wer vielmehr auseinandergerissen wird durch die ursprüngliche Erfahrung, daß ein Ich, was es ist, nur ist als Potentat des oder der Anderen und umgekehrt, der entblößt diesem Ich den Hals zu seiner sozialen Guillotinierung. Denn ein Ich, das Succubus und Incubus des oder der Anderen zu sein behauptet, wird enthauptet und bekommt Spielverbot. Als Negation seiner selbst ist es sozio-logisch unerträglich und das heißt: psychologisch entbehrlich. Es muß also psycho*patho*logisch ins Abseits gestellt werden.

Die Inquisition dieses anstößigen Ich-Anderer-Ensembles, die Bestimmung der Hexen-Merkmale am Verhaltens-Corpus dieses anthropologischen Hermaphroditen vollzieht sich genau und grausam, ganz nach der Vorschrift der Liebe zum Nächsten als dem *anderen* Anderen. Das alles spielt sich noch vor den Hallen der Psychiatrie ab. Was dann in ihrer Vorhalle und „intramural“ passiert, wurde von Labeling-Forschern wie *Goffman* und *Sheff,* Exponenten einer zart in unseren Alltag vorgeschobenen Sonde kollektiver Intelligenz, als Etikettenschwindel entlarvt. Solche Forschung – wie alle Wissenschaft verlängerter Hebel unseres notvollen Bedürfnisses nach Entängstigung und Entschuldung – ist gerüstet, die entsetzlich enteignende Zwiesprache, in welche mein Ich als Nicht-Ich mit dem Ich des Anderen und sein Ich als das des Nicht-Anderen mit dem meinen verwickelt ist, zu einem durchaus einseitigen Definitionsprozeß zu verharmlosen, wenn der zur Verrückterklärung nötigende „Fall“ eintritt. Wie das geständnisreif gemachte und verrückt erklärte Ich uns als die Anderen seinerseits „labeled“, bleibt vorderhand Forschungs-Tabu. Eine Ahnung für diese Reziprozität suchte ich vor einigen Jahren in dem Essay „Dialogik der Verrücktheit“ zu entwickeln. Indessen, solche Versuche verletzen leicht die den Wissenschaften eignende Würde der Richtigkeit des Hinblickens. Wenngleich nur esoterisch wirksam, ist aber der Schein, in den wir als Inquisitoren durch den insgeheim auch uns inquirierenden Verrückten versetzt werden, durchaus eine Aureole existentiellen Ranges.

Wenn endlich die Anderen den Prozeß für abgeschlossen erklärt und ihr Urteil gesprochen haben, kann der aufgeplatzte Hermaphrodit den Psychiatern überstellt, pharmako- oder psycho-therapeutisch zugenäht und als rektifiziertes Gruppenmitglied dem öffentlichen Austausch wiedergegeben werden.

Was dieser ganze Vorgang unter der Optik der Kreatürlichkeit bedeutet und welche Entscheidungen in ihm von den Beteiligten, insofern sie endlich sind, letztlich gemacht werden, ist bei der Asymmetrie der Prozeßführung schwer auszumachen. Nur wenige Leute aus dem Restauratoren-Gewerbe der Psychiater werden dabei hellhörig: *Siirala* etwa, wenn er Psychopathologie aus einem universellen Schuldzusammenhang entwirft (s. auch S. 56 ff.), oder *Benedetti* in seiner Analyse der riskanten Balance Therapeut/Psychotiker, oder *Müller-Suur,* der im Dialog des Wähnenden mit dem Psychiatrie-Professor beiden die Chance eines Verstehens gibt, das durch die wechselseitige Ironie nicht völlig zu einem Quasi-Verstehen degradiert wird, oder der hermetische Hermeneut *Lacan,* für den der Spalt im therapeutischen Umgang aufgehoben werden kann durch das Gesetz der Sprache des Unbewußten, dessen besessener Besitz beide, „Therapeut“ wie „Patient“, vereint. Doch das sind Versuche am Rande des Métiers, ein wenig anrüchige Versuche. Es wird noch eine Weile brauchen, bis der Psychiater den Techniker mit dem Exegetiker in sich vermittelt hat.

2. Leo oder ein „Tänzchen auf der Tenne des Lebens“

„. . . und alle Dinge herrschen in einem schön geordneten Wahnsinn“.
Paul Valéry: L'âme et la danse.

Der Narr in dieser Welt

„Verübelt mir nicht meine Narrenkappe! Sie wärmt so innig, so wohlig! S'zieht mir zu kühl in unserem Saeculum!“ Mit dieser „eigens beigefügten Fußnote“ versah der siebzehnjährige Oberschüler Leo 1963 einen Brief an den Psychiater einer Klinik, der seinen Vater einer psychotischen Störung wegen betreute.

Im Frühjahr 1964 hatte er Anlaß, in einem weiteren Brief an das „Ärztekolleg“ jener Klinik zu betonen, daß diese „Fußnote“, „jene harmlose, augenzwinkernd über die Ohren gezogene Narrenkappe genau das schärfste Gegenteil jeder mehr oder weniger ausgeprägt abnormen Verhaltensweise“ darstelle. Zum Beweggrund, um eine adäquate Lesart seines Briefes besorgt zu sein, war für Leo ein Schreiben der Klinik geworden, das ihn zu einem Gespräch mit den Ärzten seines Vaters gebeten hatte. Nach den Schilderungen der Angehörigen und nach seiner Korrespondenz war Leo für psychiatrisch gestört zu halten, und unter Psychiatern hätte er, den kein Psychiater je sah, als schizophren gegolten. So bezeichnete Menschen in Gespräche und möglicherweise in eine Behandlung zu ziehen, gehört in der Psychiatrie zum guten Ton. Bei all dem ist ziemlich unklar, wie sich das, was an ihrer Verfassung Gebrechen des Gehirns ist, mit dem verflicht, was das Leben ihnen zuträgt.

Wir werden ein wenig in Leos Briefen lesen und zu verstehen suchen, welche Haltung und welches Wollen, nur um ein geringes unfreiwilliger vielleicht als das unsere, aus ihnen sprechen. Möglicherweise werden wir dabei um die Ahnung reicher, daß Leos Worte nicht nur seine persönliche Not, ein individuelles Anliegen, ausdrücken, sondern auch eine Not-Wendigkeit, die uns letztlich als eine menschliche schlechthin erscheinen könnte.

Wir beherzigen des Korrespondenten Auflage und machen seine Worte nicht zum Gegenstand einer psychiatrischen Analyse jenes Sinnes, den Leo selbst glossiert, wenn er „durchaus jene natürliche, berufsgebundene Eigenschaft von Psychiatern in Rechnung stellt, die selbst dort pathologische Erscheinungen andeutungsweise aufzuspüren imstande ist, wo auch die geringsten Anzeichen hierfür sprechen“. Fragen wir also Leos Äußerungen nicht nach einem Wofür, das sie uns psychokratischen Technikern als Symptome anonymer Krankheitsereignisse verfügbar macht. Lassen wir seine Lebensgeschichte auf sich beruhen und lösen wir nicht das Private seines Frühschicksals in ein ebenso anonymes Trieb-Spiel auf. Nehmen wir Leo vielmehr beim Wort. Das scheint ein probater Weg, uns in einige Verbindlichkeit zu dem zu bringen, was er ist, und uns nicht das, was er uns und sich sagt, mit scientistischen Kunstgriffen vom Halse zu halten. Die „Notwendigkeit", von der eben die Rede war, gilt uns dabei als ein „Vor-Urteil" mit jener heuristischen Funktion, die ihm *Gadamer* für die allgemeine und *Avenarius* für die psychopathologische Hermeneutik unlängst zutrauten.

Welche Not vom Menschlichen durch das, was in und an ihr Verrücktheit ist, abgewendet wird, ist so leicht nicht einsichtig zu machen. Es genüge hier der Hinweis, daß sich das neuzeitliche Selbstverständnis, welches bequem als ewiger Versuch, diese Welt zu entzaubern, Götter gegen Güter, Phantasie gegen Leistung und Würde gegen kleinkarierte Ehren einzutauschen, beschrieben werden könnte, mit angstbindenden Lückenbüßern versah und dazu Minoritäten auserkor, die, wie die Fahrenden, die Juden, die Narren und andere seltene Vögel geeignet waren, den Ableger für Irrtümer, Ressentiments und Paniken zu machen.

Diese Zeit machte und macht es ihren Narren – um fortan bei ihnen zu verweilen – nicht leicht, sich in der PPP-Sozietät (von *progess, power* und *profit*) zugehörig, heimatlich oder gar unentbehrlich zu fühlen. Importante Leute haben dieser PPP-Gesellschaft zwar im letzten Jahrzehnt einzureden versucht, sie müsse zu so etwas wie einer „großen" oder „geformten" werden, und einige Grüppchen der Underground-Jeunesse machten verzweifelte Aktionen, sie zu einer „Gesamtgesellschaft" umzufungieren, in welcher allen Blumen dieser Welt ein Platz an der Sonne und eine Chance auf eigenes, schönes Blühen zukommen soll. Aber die PPP hat ihre Werbungskosten an Narretei, Dämonik und Brain-Storming bereits woanders placiert: in absurd-lukrativer Kunst, in Kreativitätsforschung, in Happenings bei der Einweihung von Verkaufsschlagern, in der verbalen Orgiastik jener Encounter-Gruppen und Sensitivitätstrainings, bei welchen verklemmte PPP-Funktionäre (Industriemanager, Psychotherapeuten, Pastoren und andere im Exzeß erzwungener Selbstverleugnung zusammenbrechende Chargen) sich endlich einmal für das Ende einer Woche oder für eine ganze wo nicht antun, so doch sagen dürfen, was sie denn eigentlich wollen. Und ihre bösen Blümchen, die das tun, was sie wollen, bringt sie neuestens mit Verhaltens-Chips nach dem Münzverstärker-Verfahren zu einer räsonablen Kundenhaltung. Münzen (token), das sind Bons für anständiges, d. h. berechenbares und insofern erwartetes Verhalten, mit denen sich nach gutem PPP-Brauch Insassen von Gefängnissen, Fürsorgeheimen, neuerdings auch psychiatrischen Krankenhäusern Qualitätsverpflegung, Bettwäsche, Ausgang, Wochenendurlaub und anderes Surplus an Lebensqualität kaufen können.

Leo und seinesgleichen werden an die Psychiater verwiesen, damit man sie soziabel mache, denn sie wurden durch eine metabolische Diabolik, die wir eines Tages in unseren Laboratorien analysieren werden, ohne sie damit auch einzusehen, und durch elterliche Dressate, deren diabolische Dynamik wir schon einsehen, ohne sie allerdings beheben zu können, abgetrieben. Durch solche Biomoralia wurde und wird der PPP der Zehnte genommen. Dieser dekalogische Zoll an hoffnungsvollen Bürgern bringt der Sozietät (neben ihren sonstigen Reservationen an Abwegigen anderer Art) ein Kollektiv an *autre monde* ein, das sich im gesellschaftlichen Kosmos besser machen würde, wenn man es als ein Büschel von Gewächsen sähe, die in den Treibgarten menschlicher Leidenschaften durchaus hineingehören, ohne die er vielmehr unvollständig, ja ärmer und unvollkommener sein würde.

Die andere Welt geht mit uns um

Solche Vorstellungen sind heutzutage – auch dann, wenn „Experten“ sie riskieren – wenig beliebt. Die anthropologischen Konzepte über die *autre monde* stoßen allenfalls vor bis zur Idee einer Solidarisierung mit der Verrücktheit: eine gute Strategie, sie als das andere unserer selbst zu belassen, sie zu begönnern und qua Mitleid sich vom Halse zu halten. Fairer scheint es, die Verrückten als Mitfungierende des Menschlichen zuzulassen. Was sie an Rollen kreieren – in derselben halben Unfreiwilligkeit, die für die kurzlebigen Spiele der Menschen schlechthin konstitutiv ist – ist kaum minder vielgestaltig als das Repertoire der Menschen *dieser* Welt. Und wenn uns die Stilistik dieser Abwegigen monotoner und farbloser als die unsrige vorkommt, so geht dieser richtige Eindruck zu Lasten dessen, was wir mit ihnen seit 150 Jahren in den psychiatrischen Menagerien veranstalten.

Eine gewisse Vorsicht, eine Art Domestiken-Attitüde und die verklausulierte Sorge, den Mitlebenden gefällig und nach dem Maule zu sein, ohne die eigene Wahrheit zu verraten, ist bei allen Abwegigen, und so auch bei Leo, zu dessen Briefen wir uns endlich zurückwenden, Reflex ihrer Aussperrung. Seine Adressaten, die Psychiater, rangieren da nicht anders als seine familiären Nächsten.

„Selbstverständlich erkläre ich mich gern bereit auf ausdrücklich mitgeteilten Wunsch, den leitenden Herren und Damen der Abteilung in Form würdiger, zwangloser Gespräche Rede und Antwort zu stehen. – Allein, um zu verhindern, daß im schlimmsten Falle der seelisch zwar angegriffene, doch kerngesunde, tapfer ausharrende, schwer um die Entfaltung seiner Begabungen ringende Teil der Familie in das gefährliche Fahrwasser amtlicher, dazu schiefer Beurteilung gerät, nehme ich mir trotz übermäßiger Arbeitslast die Freiheit, im Verlaufe der nächsten Wochen verantwortungsvoll, nochmals in einer sehr umfassend angelegten, nüchternen und äußerst kritischen Schrift ein ungefähres Bild unserer familiären Zustände zu enthüllen. Das Handeln und Urteilen der Ärzteschaft wird, soweit es mir überschaubar ist, darin eingeschlossen. Zur Abfassung einer derartigen Arbeit empfinde ich mich insofern auch berechtigt, als mir zwei sehr wesentliche Faktoren bezüglich der ursächlichen Schilderung solcher zerrütteter Familienverhältnisse in hohem Maße eignen: einmal – über viele Jahre hinweg – tägliche intensive Beobachtung der Verhaltenseigenschaften meines Vaters, der, im Kreise der Familie geborgen, ertragen und erhalten, seine Regungen vollkommen ungehemmt veräußerte, zum anderen – und dies entzieht sich Ihrem Beurteilungsvermögen nahezu völlig – die Verfolgung unserer natürlichen Abwehrstellung in Verbindung mit ehrlichster, steter, seelisch-geistiger Auseinandersetzung."

Unsere „natürliche Abwehrstellung", das meint den Schutz und die Schonung des familiären Mikrokosmos gegen den Vater – ein Anliegen, das Leo mit seiner Mutter verbindet, zu der er, wie so viele junge Schizophrene, in einer Beziehung symbiotischer Abhängigkeit lebt. Doch ist hier nicht die Pathologie der Familie Leos (s. auch S. 75 ff.) von Interesse, sondern das, was sich ihm über sein Leben erschließt und was er uns davon zugänglich macht. Abwehr liegt auch im Pennäler-Jargon Leos, im Gemisch von „bewußt kunterbunter, überschwenglicher Beschaffenheit" und ebenso „bewußter gekonnter Stil- und Ausdrucksgestaltung", dessen er sich, sorgsam sichernd, befleißigt und zugleich rühmt. Er wählt „den kühlen Ausdruck mutmaßlich unbegründeter Vorsicht", wenn er uns, seine Adressaten, wissen läßt, daß auch er darum wisse, seine Briefe könnten „scheinbar ernsthaft psychologischen Deutungen unterzogen" werden. Leo versichert uns: „Nichtsdestoweniger verbleibe ich ruhig, vertraue Ihnen und nehme jegliche Interpretationsversuche gelassen hin."

Was Leo für sich erwartet (und klar kontrastiert gegen die gemäßigte Existenz des Psychiaters, dem er am 14. Januar 1963 „von Herzen ein friedvolleres, glücklicheres Neues Jahr" wünscht), ist ein Leben „unter drohenden Schatten lebenslanger Bewältigungen der sonderlichsten Art", ein „Schülerdasein, vergleichbar einem verfinsterten, von teuflischem Gezisch, Gebraus, Geheul umstürmten Tage", von dem er nur hoffen kann, es werde „endlich besinnlicherem, lichterem Scheine fliehen". Leo hat noch keine Klarheit darüber gewinnen können, „inwiefern wir (d. h. er und die seinen) der tatsächlichen Bedrohung ausgesetzt sind, auf eine endgültige, dann allerdings konstruierte Schuldposition abgeschoben zu werden".

So gewährt er uns – durchaus verhalten – Einblick in ein Bedrohliches, das für ihn noch gesichtslos ist und das er aushält, indem er eine

Positur unsresgleichen zu wahren sucht. „Gefaßt, psychologischen Belangen mit Verständnis gegenüberstehend und keineswegs verwundert", schildert Leo in verblümtem Jugendstil sein Leisten als eines unsresgleichen, also als ein durch den Erfolg wie durch Gott in gleicher Weise gerechtfertigtes: „Die seelische Bewältigung und geistige Durchdringung unserer in vielfältigster Hinsicht schwierigen, an sich sehr reichen Lebenswelt gestattet die dankbare Feststellung, daß ich jenes seltenere Soll charaktervoller, natürlicher und reiner Menschwerdung allen Anzeichen nach glänzend erfüllt habe. Daraus erhoffe ich mir – so Gott will – in einigen Jahren Frucht in Fülle." Staatspräsidenten und Vereinsvorsitzende wählen ähnliche Floskeln, wenn sie dem Publikum die Sache, die sie vertreten, in der erwünschten Idealität darstellen. Und die Shortstory-Autoren progressiver Gazetten machen – weniger naiv und mit geringerem Schmelz – ähnliche Verfremdungs-Manöver, wenn sie verrückte Gruselszenen im behäbigen Wortfall des Stammtisches vorsetzen.

Mächte und Erfahrungsbröselchen

Leicht ironisch und sichtlich aufgeräumter demonstriert uns Leo die „Pflege und Reinhaltung meines Äußeren". Er weiß, daß er seine Adressaten auf diesem Terrain an Befleißiung mühelos übertrifft, aber er ahnt nicht, wie sehr er ihnen damit zugleich seine Hypochondrie, den Sog seines Leibes, Objekt zu werden, bloßlegt. Leo versichert, „daß ich mich jeden Morgen heiß oder heiß-kalt dusche, die Beinmuskulatur unter der Wärmeeinwirkung gemäßigt heißen Wassers massiere und anschließend den ganzen Körper kräftig mit dem Frottiertuch abreibe, daß ich mich am Abend gründlich wasche, dreimal am Tage nach den Hauptmahlzeiten die Zähne putze, stets glatt rasiert und fein gekämmt meinen Mitmenschen ein freundliches, frisches, temperamentgeladenes Aussehen biete, verschwitzte Wäsche sofort auswechsele. Ich halte mein Zimmer sorgfältig rein, lüfte Bett und Kleiderschrank gründlich, achte unter Büchern und Akten auf peinlichste Ordnung. Kurzum, Sie scheinen mir sicher erpicht zu erfahren, wie vollkommen äußere Zucht und Sauberkeit dem Inneren entsprechen."

Soweit Leos Fassade, uns vorgekehrtes Modell „frischer", „temperamentgeladener" und „glatt rasierter" Mediokrität, wie sie Männern schlechthin ansteht, wenn sie zu ihren Geschäften eilen, vom erwartungsvollen Blick ihrer Nächsten begleitet. Wir erkennen dies Modell und uns in ihm wieder, wenn der junge Mann Leo, der ja noch kein Berufsfeld, sondern allein die Schule hat, zu vollziehen sucht, was in der unbarmherzigen Sprache der Psychologie „libidinöse Besetzung" heißt, wenn also die Schule und sich wechselseitig als Geliebte signalisiert, und das in der gewohnten Ambivalenz des Pubertierenden: einmal als „rein empfundenes Mädchen", zum anderen als „widerliche Hure".

„Meine Forderung gegenüber der Schule ist keine zu hohe. Ich wünsche lediglich einer gewissen Individualität wegen nicht erdrosselt zu werden . . . Ich liebe die Schule wie ein Mädchen, das, mehrmals in schändlichster Weise untreu, trotz allem verursachten Weh stets von neuem liebevolle Aufnahme fand. Denn die Schule bedeutete mir einzige, halbwegs heile, gerechte, festgefügte Welt, der ich, Törichter, der ich, Geblendeter, herzinnigst Vertrauen schenkte. Erst als ich auf den Tod krank und fiebernd lag (Selbstmordversuch!), begriff die heimgesuchte Seele, in welch verpestete, schmutzschwangere, abgründig versumpfte Niederung sie herabstieg."

So wenig wie wir in unserem durchschnittlichen Wirken kann Leo sich seine Vermessenheit klar machen, wenn er vom ephemeren Leben fordert, seiner „Individualität wegen nicht erdrosselt zu werden", wenn er jeden Schultag beschwört, seinem „zerquälten und enttäuschten Inneren" zu schenken, was er trefflich „Mächte" nennt: „Mächte, die zu Schönerem, wenn auch Schwererem reizen." Man reduziere dieses Pathos nicht aufs prometheiforme Scholaren-Klisché des deutschen Germanisten-Lehrplans oder gar auf die „pseudophilosophische Scheintiefe", die seit eh die schizophrenen Symptom-Kataloge psychiatrischer Lehrbücher ziert. Nehmen wir vielmehr Leo auch da beim Wort, wo er sich zu versteigen scheint:

„Mögen sich Kleinere, Demütigere, Harmlosere, Unfreiere von kläglichen Wissen- und Erfahrungsbröselchen abspeisen lassen wie Hunde, die bettelnd zu den Füßen ihrer Herrchen scharren. Die Tische braver bürgerlicher Pädagogenschädel sind zu armselig gedeckt für den köstlichen Schmaus, den ich einzunehmen gedenke. Mit jedem ihrer hochgepriesenen Bissen wird mir speiübler. Kosten Sie dagegen mein Ragout, gebraut nach deftigerem Rezept, so kotzt's und schlingt's die Sippschaft von erbleichten Mäulern, bis sich vor mir ein Meer des Unrats weitet. Satt, dreimal satt, hundertmal, tausendmal satt hab ich's!"

Damit bringt Leo uns „Unfreieren" gegenüber – man achte auf den sorgsamen Komparativ – erstmals offen ins Spiel, was er an einer anderen Briefstelle die „Fragwürdigkeit der Erfahrung als Erkenntnisprinzip" nennt. Gegen die „Erfahrung", gegen die „Erfahrungsbröselchen" der ihn umgebenden bravbürgerlichen Modellpuppen setzt der Schüler Leo die „Mächte". Ja, er setzt auf sie, obgleich er wahrnimmt, was ihn dieser Einsatz kostet: „Was vom Schüler Leo verblieb, ist Leere, ausgebrannte Folie". Ekstatiker aller Zeiten und Kulturen erlebten sich ähnlich, wenn die Sternstunden ihrer Ergriffenheit durch die Mächte vorüber waren. Sie erkaufen die Maßlosigkeit in dem, was sie ausstehen, mit jener Tristesse im Alltäglichen, die uns Durschnittlichen unaufdringlich bleibt, da wir sie uns löffelweise zumessen.

„Ich scheine gesundheitlich etwas angegriffen. Einzigartige, verzweifelte Mattheit schleicht in bleiernen, schweren Sinnen, zeugt Verlangen nach Schlaf und zwingt der Seele sonst hell aufflammende Feuer zu müden, flackernden Flämmchen nieder. So oft ich auch unwillig und mißgestimmt ob solcher Schwachheit die Feder ergreife, ein Buch zur Hand nehme oder auch nur denkend die Länge des Zimmers mit Schritten ausmesse, erwirkt rheumaartiger, höchst angenehm-sanfter Schmerz auf der Stirnfläche den Abbruch jeder Tätigkeit. – Mir schmerzt der Hals noch von jüngst vollzogenem, schmutzigem Würgen.“ (Leo hatte es kürzlich an einen Suizidversuch mit Strangulation herangetrieben.)

In dieser Peripetie wird eine positive Region des Menschlichen vertreten, eine gegebene, insofern notwendige anthropologische Ortschaft bewohnt. Verzeichnen wir aus Scham, Angst oder Entsetzen, aus spiritueller Unredlichkeit, Stupidität oder Trägheit des Gefühls solche Gegenden in den kulturalen Atlanten des Humanen als Parks verwilderter oder entarteter Exemplare der *species homo* und nicht als Heimaten kon-genialer Geister, so verdienten wir, daß uns die einzigartige Eigenschaft, *sapientes* zu sein, entzogen würde. Vor Leo hätten wir damit gewiß kapituliert in dem Sinne, daß wir uns als Verstehende außer Verkehr zögen, wenn er uns Unausstehliches so simpel und ungerüstet, wie Lebensbeginner es sind, zu bestehen sucht.

Neujahrsgruß

Leo, der Pennäler, der über die Sorge-Struktur der Zeit nach *Heidegger*s Vorgang vermutlich kaum reflektiert hat, bittet uns, wir hörten es schon, ihn mit der Narrenkappe vorzustellen, wenn wir seinen Brief vom 18. Dezember 1963 lesen. Er faßt darin die banale Zyklizität seiner und unserer Zeit. Bei diesem Unterfangen stellt und verstellt er sich zugleich.

„Ich blicke seit einem halben Jahr in ein tiefgraues, zerfurchtes Antlitz: die Zeit, die verfliegende, entfliehende, zerrinnende Zeit. Ein nicht geringer Schreck treibt den Blutstrom unter hartem, derbem Klopfen durch die Ader. Fast, mein' ich, fast schüttle mich Fieber. Nichts Welterhebendes, nichts Wunderliches gewiß! Der Schale entpellt sich das Ei. Der aufgewühlte Most schäumt ruhiger, gebändigter. Angemaßter, starrköpfiger Ernst löst sich in schmunzelnde, gewitzte Narrheit, ein Ernst, der solcherart versüßt, sich weit angenehmer, glatter schlingt. Der Würgebeschwerden sehe ich mich enthoben. Jetzt fehlt als Krone höchster Weisheit noch der erdenschwere Seufzer: Ja, ja, ja! Die Zeit vergeht! Man wird alt und älter! Ach, ja! – Die Torheit der Jugend kehrt sich zur besonderen eigenen der Erwachsenen und die des Greises zurück zur Jugend und Kindheit. Schöner, schöner friedvoller Kreislauf? Gemütliches behäbiges Tänzchen auf der Tenne des Lebens! Brav abgerundet, geschlossen, hübsch eng, so warm und begierig aneinandergedrückt! Nur rundherum zu drehen und immer, immer kreisend im Kreise! Alte, matte, stumpfe, ausgetretene Lebensspur! Wie bis Du heut' zum wilden, wahnsinnigen Zickzack erkrankt! Muß wohl im Hirn der Zeit ein Übel nisten. – Welches, ach, welches nur? – Fast, mein' ich, fast schüttelt mich Ahnung. – Nun aber genug der triefäugigen Griesgrämerei! – Wünsche Ihnen, wie Ihren Liebsten von Herzen ein gesegnetes, heiteres, glückliches Weihnachtsfest. Da nach Weihnachten unverschämt grollend, zischend und trunken polternd Neujahr antrompetet, stampede auch ich, geflissentlich mit der Zeit gehend, zum Neujahrswünschen drauflos. – Erschaut Ihr in andächtig, sphärisch, magisch emporgegrübelter oder getrunkener Stimmung den schillernd rosaroten Nackedei des neugeborenen Jahres, fühlt Ihr im geblendeten Aug' den verklärten Glanz seiner noch feuchtfrischen, taufrischen Farb', wie sie, wie ihn sonst nur Morgenröte zauberte, dann, Herr, dreht Eurem fidelen Kreis lange Nasen, dann lacht Euch kräftig eins, kreischt juchhuu! – juchhuu!, stoßt an, denkt mithin ein wenig an uns, schmettert Euer Segenssprüchlein vor und trinkt, trinkt so viel, als Eure Gurgel hält. – Vergeßt mir nur nicht, ich bitt' Euch sehr Herr, daß auch ein Viel sein Maß hat, wie Fässer ihre Böden. Nun, trinkt also viel, viel mit Maß. Maßlos viel, wär' schon zu viel. Maßvoll viel, schier zu wenig viel. Auch sagt ich, trinkt! Und nicht – verzeiht! – sauft! Saufen ziemt dem lieben Vieh. Auch sagt ich, trinkt so viel, als Eure Gurgel (der Ausdruck, der Ausdruck!) weit ist, das bedeutet in zartfühlendster Auslegung, trinkt nicht so viel, nicht so viel, daß Eure Gurgel platzt. Das wäre Besäufnis und Begräbnis in einem. Ach, zum Kuckuck mit dieser Trinkersophisterei! Trinkt, wenn Ihr, Herr, aus meiner Meinung schon nicht vernünftige Fäden haspeln könnt, trinkt nach Eurem Maß, nach Eurem Durste, nach Eurer Lust, nach Eurem Geldbeutel, nach Eurem Kummer, nach Eurem Sprüchlein. Ganz wie's Eurem Zünglein, Eurem Herzchen, Eurem Gaumen lieb ist. Ein liebes Trinken ist's dann! Dabei bleibt! Mein, unser herzliches Prost, mein, unseren Wunsch für ein gesundes neues Jahr habt dazu. Wir, ich geben's von Herzen."

Das ist Leos bukolisch scheinender Neujahrsgruß, ein wunderliches Opus, das sich nicht so recht als „Information", als Nachricht-von-über-zu machen will. Seine „bewußt kunterbunte, überschwengliche Beschaffenheit" – wir erinnern, wie Leo mit diesem späteren Kommentar unser mutmaßliches Erstaunen über seine Salutation abzuschwächen wünschte – scheint Bequemung an das durchschnittliche Verständnis der wechselnden Jahre und der kreisenden Zeit bei seinem Adressaten zu sein. Aber man täusche sich nicht. Hier schreibt ein psychotischer Mensch *als* Kyniker, ein pfälzer *Diogenes,* der nicht sich selbst zu demjenigen macht, welcher uns eine Nase dreht, sondern vielmehr die gemäßigtere Haltung des gewitzten Narren sucht und *uns* dagegen in unmäßige Narretei entläßt. Wir sind es, die den unseren, dem „fidelen Kreis", eine Nase drehen und gleichwohl dabei an ihn denken sollen. Nicht nur an ihn. Leo bezieht uns stets auf sich *und* die seinen, darunter den durchgeschleppten, ebenfalls verrückten Vater. Er gibt so ein Zeichen, daß es irgendwo im menschlichen Gelände einen Topos der Verrücktheit gibt, den er mit den seinen bewohnt. Und das ist nach Leos durchaus maßvoller Erwartung eine Region, die ein Andenken derer verdient, die eben dabei sind, dem „Nackedei" des neuen Jahres ihr „Segenssprüchlein" entgegenzuschmettern.

Denn da ist noch ein anderer Neuling. Leo selbst, der sich seit einem halben Jahr in eine *vita nuova* übergehen sieht: „Der Schale entpellt sich das Ei." Und dabei ist ihm das Gesicht der Zeit kenntlich geworden. Zerfurcht und grau, keineswegs voll ausgeplaudert, wenn sie ins Bild des „behäbigen Tänzchens auf der Tenne des Lebens" ironisch eingeholt wird. Leo sieht auch die den Heutigen verdeckte, weil zumeist reflexionslos gelebte Seite des Zeit-Gesichts, diese Seite, die nicht dem „hübsch engen" Gekuschel zugewandt ist und damit den Menschen, die *ihre* Zeit in kleinen Kreisen verbringen, sondern sie ins „wilde, wahnsinnige Zickzack" wirft, in Kurse ohne Maß und Vorausschau.

In diesem Entgleisen sieht Leo die Zeit selbst erkrankt. Wenn er sich fragt, ob wohl im „Hirn der Zeit" ein „Übel" niste, so nimmt der Psychiater eine solche Erfahrung zu leicht als eine transitivistische Projektion und als „Symptom" für Schizophrenie, indem er seinerseits das „Übel" in Leos Hirn unterbringt. Noch ist nicht ausgemacht, wer von beiden Recht behalten wird. Leo argumentiert zumindest kopernikanischer.

Daß Leo und seinesgleichen uns und unsresgleichen „brauchen", wird seit der Psychiatrisierung der schwankenden Publikumsmeinung erkannt und temperiert aufgenommen. Diese Einsicht umzukehren, bleibt vorderhand ein ungemütliches Unterfangen. Man überläßt sie theologischen Spekulanten, sentimentalen Philosophen oder psychiatrischen Sektierern. Versuche, wie dieser hier, sich in einen bescheidenen Dialog mit einem Verrückten zu setzen, indem vorausgesetzt wird, daß dieser nicht nur „seine" Wahrheit spricht – Versuche also, der ganzen Wahrheit dadurch näher zu kommen, daß man auch der von Verrückten ausgesprochenen Wahrheit Kompaß-Wert zutraut –, können anders als Abwege vom Wissenschaftlichen nicht kategorisiert werden, es sei denn, man erfahre, wie das vor Zeiten der Fall war, des Schülers Leo Gestammel als gültiges menschliches Signal und die Psycho(patho)logie als Instrument, solche Signale vernehmbarer zu machen. Sie könnte so neben anderem als Propädeutik einer Koexistenz mit den Verrückten dienen.

3. Falsche Menschengespräche und Wahrheit der Rede

Will man die Sprache eines schizophrenen Menschen nicht mehr nur als Kuriosium oder Symptom nehmen, dann entsteht die Aufgabe, ihrem Sinn als Mit-Teilung, als Ruf an den oder die Anderen nachzugehen. Ein Rückgang auf die Lebenswelt des Kranken ist dann gefordert, ein vorklinisches, gewißermaßen naives Hinhören auf das, was sich im Gespräch an Verweisungen aus einer abwegigen Lebenswelt auftut. Manchmal läßt sich dann aus der „Schizophasie" eine Not-Kommunikation herauslösen, in welcher der Kranke seine Anliegen verschlüsselt äußert, da offene Kundgabe unter den Umständen seiner psychotischen Situation für ihn zu gefährdend sein würde.

Beim naiven Hinhören kann es gewiß nicht bleiben. Was an und mit dem Kranken erfahren wird, muß auf die Ordnungen seiner Innerlichkeit und seines Lebensraumes bezogen werden. In der Stimmigkeit des am Kranken Erfahrenen mit der Strukturganzheit seiner Situation liegen Verläßlichkeit und Bewährung solcher psychopathologischer Auslegung. In der Psychiatrie, deren Vertreter sich zumeist als „Mediziner" und damit als Funktionäre einer angewandten Naturwissenschaft verstehen, ist die Brauchbarkeit von „Interpretationen" häufig geringer eingeschätzt worden als diejenige der „exakten" Verfahren. Dazu besteht wenig Anlaß, wenn nur bedacht wird, daß *Hermeneutik* – eine der methodischen Achsen der Wissenschaften vom „Geiste" – Verifikationen *eigener* Strenge hat. Scheut der Psychiater vor der Aufgabe der Auslegung zurück und begrenzt er seine Erfahrung – naturalistisch befangen – auf das „Positive" als experimentell oder messend hantiertes „Faktum", so verschließt er sich der Tradition geisteswissenschaftlicher Forschung und verkürzt seine Wissenschaft um entscheidende Einsichtsmöglichkeiten. Er muß es dann hinnehmen, wenn sich dort ein Gespinst von „Deutungen" dunkler Provenienzen breit macht.

Es mag einmal so sein, daß das, was ein schizophrener Mensch spricht, uns nicht unmittelbar erreicht, sondern Deutlichkeit allererst empfängt aus einer aufmerksamen und adäquaten Be-deutung aus seiner Lebenswelt. Das gilt schon für die Äußerungen Gesunder, dringlicher aber für die oft dunklen Reden schizophrener Menschen, die nicht minder als wir „Mikrokosmos" sind, wie *Kurt Schneider* einmal bemerkte. Den situativen Umkreis der Sprachlichkeit eines Schizophrenen in seiner Totalität zu erfassen ist ein hoher, kaum je einlösbarer Anspruch. An der stark gerafften Lebensgeschichte eines Kranken kann das nur in einigen Strichen versucht werden.

Lebensgeschichte im Familiendreieck

Franz, achtzehnjähriger Oberschüler, wurde August 1957 klinisch behandelt und während der folgenden sechs Monate in häufigen psychotherapeutischen Beratungen und Gruppengesprächen gesehen.

Mehrere Verwandte väterlicherseits waren psychotisch: die Großmutter litt in den letzten Lebensjahren an einer wahnbildenden Depression. Ein Urgroßonkel war epileptisch. Eine Cousine und ein Vetter des Vaters starben mit chronischen Schizophrenien in Anstalten. Zwei Brüder des Vaters sind alkoholisch. Die Mutter des Patienten erkrankte wenig später als er selbst mit einer depressiv gefärbten schizophrenen Krise und wurde im März 1958 in der Klinik behandelt.

Übereinstimmend schildern die Eltern frühe Verhaltensschwierigkeiten bei Franz. Nach normaler Stillzeit und Sauberkeitsgewöhnung war das Kind vom dritten Lebensjahr ab dickköpfig, halsstarrig. Es drängte sich gern zwischen die Eltern und entwickelte gegen die durch häufige Geburten erschöpfte Mutter einen überdauernden Trotz. Gegenüber den jüngeren Brüdern hegte Franz eine nie offen gezeigte Eifersucht. Schon vor der Einschulung erschien er verschlossen, im Gegensatz zu den beiden jüngeren Brüdern ablehnend gegen Zärtlichkeiten. Die Eltern räumen ein, Franz hart und unpersönlich erzogen zu haben. Die Mutter erklärt das mit der eigenen, sehr strengen Erziehung durch ihre Mutter und mit dem Fehlen von Vergleichsmöglichkeiten bei diesem ersten, schwierigen Kind. Sie hatte als Neunzehnjährige einen um vierzehn Jahre älteren Ingenieur geheiratet und stand bei der Geburt von Franz noch inmitten ehelicher Schwierigkeiten. Ihre ersten Ehejahre waren desillusionierend. Sie resignierte bald vor dem kühl und verständnislos erlebten Mann. Eine gelöstere Erziehungsweise will sie erst bei den späteren Kindern gefunden haben.

Der Vater rückte im ersten Lebensjahr des Patienten ein. Er war ein spröder, zurückgezogen lebender Grübler und Erfinder, der von sich aus auf die Kinder wenig zuging. Nach dem Kriege arbeitete er als Firmenvertreter und überließ seiner überforderten Frau ganz die Erziehung, die Verwaltung des Haushaltes usw. Er war zwar kühl und isoliert, aber auch gleichmütig und beständig im Hinnehmen der wechselnden Familienschicksale. Sichtlich hatte er eine starke Fähigkeit zur Abwehr und Neutralisierung bedrohlicher Gefühlswallungen herangebildet. Als Sohn und Frau zugleich psychotisch erkrankten, traf er in klarer Rationalität die nötigen Dispositionen, wahrte bei Besuchen in der Klinik förmliche Freundlichkeit und vergrub sich im übrigen in seine Berufswelt.

Franzens Mutter hingegen erschien äußerst sensibel, von Zweifeln über den eigenen Wert beherrscht. Sie zieh sich eines unsteten und ungeduldigen Umgehens mit dem Kinde. Sie suchte ihre Unsicherheit mit dem häufigen Hereinreden ihrer eigenen strengen Mutter in die Erziehung zu erklären.

In der Schule wurde Franz bald zum zurückgezogenen Außenseiter. Selbst verschlossen und undurchsichtig, wurde er häufig zum Prügelknaben der anderen. Bis zur vierten Klasse bewältigte er die Oberschule ohne Schwierigkeiten, dann ließ er in den Leistungen nach. Heftigkeit und Vertrauenslosigkeit gegenüber den Eltern wurden deutlicher. Im Frühling 1955 ging er verlegen lachend aus dem Unterricht und meinte dann ironisch zur Mutter, sie möge ihm doch die Bücher um die Ohren schlagen. Er klagte über sein Herz und wickelte sich in große Decken ein. Die Versetzung war gefährdet.

Er lief jetzt dreimal von daheim weg. Zweimal kehrte er nach wenigen Stunden zurück. Er wisse vor Gott, so sagte er den Eltern, daß er ihnen nicht sagen dürfe, wohin er gegangen sei. Beim dritten Weglaufen eröffnete er die Kassette der Mutter, nahm einen größeren Betrag und fuhr nach Norddeutschland, um „auf einer einsamen Hallig mit einem Fischer zu fischen" und geheilt zu werden vom „Drang, der mich forttrieb, um diese fürchterliche Versuchung loszuwerden". Er hatte noch am gleichen Tag den über die Reisekosten hinausgehenden Betrag den Eltern zurückgesandt. Dem Sozialarbeiter, der ihn heimbegleitete, erzählte er, daß er auf der Hinfahrt durch einen im Abteil sitzenden Herren zu homosexuellen Praktiken aufgefordert worden sei. Franz wurde zu einem Psychotherapeuten gebracht. Der sprach von einem „Masturbationskomplex" bei dem sexuell unaufgeklärt gebliebenen Jungen und überwies ihn in ein Kurheim. Franz entwich von dort bald zu den Eltern des Vaters und bedrängte sie, ihn auf die einsame Nordseeinsel fahren zu lassen.

Die Eltern brachten Franz in die Freiburger psychiatrische Klinik. Dort wurde er von März bis Mai 1955 klinisch-psychotherapeutisch behandelt. Er erzählte über jahrelang bestehende Onanieskrupel. Bei Inselfischern als naturverbundenen Menschen wollte er sich von seinem Übel reinigen. In der Therapie konnte er sich zugleich kindlich-unschlüssig und großtuerisch-überlegen verhalten. Beim Eingehen auf persönliche Probleme wurden starke Widerstände wach.

Man gab Franz dann in ein Internat. Dort paßte er sich bis auf eine weiterbestehende Kontaktarmut an. Die Ferien daheim wurden zu schwierigen Zeiten. Franz ergab sich eifersüchtigem Haß auf den jüngeren Bruder. Die Mutter wurde jetzt eisig abgelehnt, der Vater mit Gleichgültigkeit gekontert. Das folgende Jahr sah ihn im Internat als verträumten Einzelgänger. Wiewohl er sie bei persönlichen Begegnungen eher abwies, schrieb Franz häufiger an die Eltern.

Die gesammelten Briefe der Jahre 1950–1956 zeigen ihn als kindlich-dankbaren Schilderer der Tagesereignisse. Seit 1956 tauchen grüblerisch-reflektierte Wendungen auf. Ab Oktober 1956 erscheint ein verquälter, zugleich beschwörender Ton, ineins mit einer leicht pathetischen Getragenheit des Stils.

Am 5.10.1956: „Es ist nicht meine Trotzigkeit, die Euch so lange auf Antwort warten ließ, ich sah schon längst mein Übel und freue mich seither, jedesmal ich an Euch denke . . . Kein Abend verging seither, an dem ich nicht bei Euch gewesen wäre und in meiner Hoffnung Eltern gesehen hätte, die mir schon längst vergeben hatten. Das erlebte ich in der Ruhe. Sah ich mich am Tag, im Lauten, die Treppe zu Euch hinaufsteigen und bei Euch sein, ward mir das frühe, elende Gefühl, daß ich mich ärgerte, und ich bat Euch um Verständnis, und das Darüberweggehen einer Zeit sollte neue Hoffnung geben . . ."

Am 3.2.1957 schreibt Franz an die Mutter, die einen Erholungsaufenthalt nahm: „. . . oft denke ich daran, daß Du Dich in X. erholst und Deine Ferien ruhig, freudig und sorglos verbringen darfst, wie mir noch kein Tag, keine Freistunde ward zum tiefen Ausruhen, keine kurze Zeit, die mir willig ergeben das Verdienst als ein Erholen von Arbeit geben würde . . ."

Während der Osterferien 1957 war Franz daheim. Er erschien scheu, nahm selten an den Mahlzeiten teil und übte stundenlang in seinem Zimmer Klavier, in der nahe gelegenen Kirche Orgel. Ins Internat zurückgekehrt bittet er die Mutter um die Pflege einer in seinem Zimmer zurückgebliebenen Blume.

„Um die Pflanze in meinem Fenster bitte ich Dich, Mutti, daß Du sie die zwei oder drei Wochen meiner ersten Schulzeit ins Wasser hältst . . . Sorge doch für diese Blume, ob ich sie, hoffe ich, gesund wiederfinde. Ich bitte Dich, Dein sehr dankbarer Sohn, um Deine Pflege an meiner wortlosen Freundin, dieser Blume."

Am 3.5.1957: „Habe Dank, Mutti, für die Nachricht und Deine Mühe um mein Blümlein. Ich sehe es noch (immerfort), wie es verwelkt, zerdrückt, geknickt aus der Gartenerde wiedergefunden in meinem Zimmer aufgeblüht und Blüten getrieben – meiner Hoffnung auf einen mir freundlichen Menschen. So muß ich's weitersehen, dies Ehrfürchtige. Komme ich der nächsten Reise Sonntag, ist meine hochragendste Freude nichts, denn der wortlose Gang über den sonnigen oder trüben Berg, die alte Brücke und die Nähe und das stumme Eintreten und unfaßlich gnädige Aufgenommensein dieses Hauses, der Heiliggeistkirche."

Am 30.5.1957 bittet Franz die Mutter, die Pfingstferien bei ihr verbringen zu dürfen: „. . . warm und still ist unser Tag, suchend bin ich nach Ehre, Freude, Freundlichkeit, Ehrlichkeit. Krank ist, unruhig mein Körper. Haus und Nahrung fehlt dem Geist, ein Mensch."

War er dann zu Hause, nahm Franz die Eltern mit moralisch-rigoroser Kritik. Er wich der Mutter aus, „da ich mich neben ihr nicht bewegen kann wie ein normaler Mensch". Er zieh die Eltern verantwortungsloser Mittelmäßigkeit. Er predigte ihnen die Abkehr vom Alltäglichen. Wieder im Internat, versetzte Franz sie durch Briefe und Karten, die in feierlich-gehobenem Ton gehalten waren, in Bestürzung. Am 2.7.1957 schrieb er:

„Liebe Mutti wird sich sehr freuen um meinen Gruß? Da gibt es Freunde, warten offen, heimlich nicht erwiderte von ihm, sie wollen gleich dummen Freunden natürlich angenommener Blicke, Worte, Arten daher, an ihn hin, an seinen Weg, sein Erscheinen, Denken, wie sie es achten, freuten, die Heuchler, sich ehrlich um seinen Wunsch, Abschiedsblick, seine Hand und sind ihm zur Last, wollen nicht stiller, ehrfürchtiger der Zeit leben, das ungesagt, gefühlt die Freundschaft, Freude aneinander wär. – Schreib nicht. Freust Dich nicht um meinen Gruß. Denke ehrlich, nur unnütz zurück, *Freunde,* daß man ehrlich, still, fürchtig würde, wärst meine Mutter."

Am 21.7.1957: „Meinen Eltern schreibe ich, die ihren Sohn zu besitzen sich täuschen. Die holprigen, verlorenen Wege geht Ihr, ich bleibe nicht bei Euch. Mit einem Brief hört Ihr nichts, waren es nicht schon *Worte*! Über diese des offenen Briefes *mehr*. Solchen Menschen sehe ich nie, der bald hier bald so *auf* sein Ziel zu gehen gewillt ist. In Gebaren schon früh, durch Worte gerade wußtet Ihr vom anderen Weg zu meinem Euch unmöglichen Wunsch. Die Worte bewertet Ihr für so wenig wie *eines* Eurer Kinder, unerfahrener Wesen Geister, deren mancher Ehre in ihren frühesten Jahren Ihr zu unserer Liebe und Nahrung zu haben der Wahrheit, Gottheit Zwang ist. Längst müdet die Wahrheit neben mir. Ihr müßt zurückkommen, nein, nein, bleibt, daß ich Euch nicht beleidige . . .“.

Franz schrieb in diesen Wochen einen Aufsatz über ein Abendlied, den die Lehrer als „unverständlich und wirr“ beurteilten. Er unterschrieb als „letzter Hohenstaufe vor seinem Tode“. Franz weigerte sich, den Aufsatz neu zu schreiben, „da ich ganz zu ihm stehe“. Bei einem Schulausflug betätigte er sich ganz gegen seine sonstige Art als „Komiker ersten Ranges“. Zugleich beklagte er sich beim Lehrer darüber, daß ein neben ihm gehender Schüler ihn störe. Obwohl er sich schriftlich von den Eltern losgesagt hatte („unwürdig“, „drehen sich wie der Wind“, „ohne klare Linie“), tauchte er am 28.7.1957 zu Hause auf. Es kam zu heftigen Auseinandersetzungen, in denen Franz erstmals mit seiner sonst nur anspielend geäußerten Familienkritik offen herausrückte. Im Gegensatz zum langatmigen Briefstil griff er hier zu knappen, scharfen Formulierungen: „Deine verdammte Logik, Eure Kleinlichkeit und Spießbürgerlichkeit“ usw.

Klinik: geduldig auszuhalten

Als Franz am 29.7.1957 in die Heidelberger Klinik gebracht wurde, blieb er zunächst schweigsam, abweisend, beeindruckt durch das „entsetzliche Schauspiel“ seiner Überwältigung durch die Angehörigen in der elterlichen Wohnung. „Wenn mich die Eltern ins Internat gehen ließen, so wäre das die beste Beruhigung. Bei den Eltern bringt mich jeder Widerspruch in Unruhe. Das freundliche Gespräch zu Hause ist nie ganz ehrlich. Vielleicht denken sie, ich würde fremd und verrückt werden, wenn ich so allein bloß unter Gegenständen lebe. Jetzt glaube ich's bald selber, daß in solchem Unternehmen eine Gefahr lauert, die Gefahr der Vereinsamung und des Unnormalwerdens. Wenn meine Mutter mich zum Internat begleiten würde, wenn wir zusammen essen und spazierengehen würden, dann käme mir das großartig vor. Die Brüder kann man in Urlaub geben. Wenn Vater allein wäre, tut das nichts, er kann sich gut allein ernähren. Bei mir geht es um die Ausfüllung des ganzen Tages, bei ihm nur um das Essen. Ich wäre gern allein mit der Mutter zusammen. Die Mutter liebe ich mehr als den Vater, schon aus der Natur.“

Das Internat schildert Franz als eine „Stätte der weltlichen Vergnügung". „Man fluchte, schwänzte und freute sich, wenn man von der Predigt nichts behielt." Er habe sich einer Gruppe ernster Schüler angeschlossen, die den Umgang mit den „Vergnügungssüchtigen" ablehnte und das Internat vom Ruf der Homosexualität reinigen wollte. Er hatte keine Freundin gehabt, da er das in seinem Alter für „brüchig" hielt. Vergangenen Sommer hatte er sich in eine ältere Schülerin verliebt, deren slawischer Gesichtsschnitt ihn beeindruckte. Er hatte nie mit ihr gesprochen. Als der Kreis der strengen Freunde sie als geschwätzig und oberflächlich bezeichnete, erschütterte ihn das Zusammenbrechen einer Illusion.

Während der letzten Monate hatte Franz sich zur Witwe eines früheren Lehrers hingezogen gefühlt, die am Internatsort eine Pension betrieb. Sie und ihre Kinder empfand er als „haushoch über mir stehend". Auch mit ihr sprach er nie. Aber er hoffte: „Sie kann mir helfen, meine Sprache zu ordnen und das Unmögliche zu sehen. Der Gedanke an sie hat mich von jedem üblen Gerede, Faulheit und Verwirrung abgehalten. Sie und ihre Kinder sind mir alle heilig. Ich dachte damals, sie sei die einzige Mutter für mich."

Im Gespräch wirkte Franz versunken und entrückt. In einem gewissen Gegensatz dazu standen seine jungenhaft eckigen Bewegungen. Seine gequälten, schwierigen Redewendungen sprachen von seinem Mühen um Genauigkeit der Formulierung seiner Gedanken. „Ich bemerke selbst, wie mein Sprechen danebengleitet und wie mir viele Gedanken ins Gerede kommen, die ich gelesen habe." Franzens Stimmung war matt, elegisch, wertherhaft. Drang nach Verinnerlichung und sensitive Befürchtung, die Umwelt mißverstehe seinen moralischen Rigorismus, beherrschten ihn ganz. Er sucht sein Bedürfnis nach Alleinsein, nach zeitlicher Uneingeengtheit zu rechtfertigen: „Ich sollte allein die ungeheure breite lange Zeit zum festen Grund des Bauens meines Könnens verwenden."

„Im grellen Strahl der Hoffnung" des ersten Abends in der Klinik hat Franz „die Mitpatienten liebgewonnen". Er ist bereit, „in der begrenzten Weite des Parks geduldig auszuhalten". In einem schriftlichen Zwiegespräch mit den Angehörigen fragt er an diesem Abend: „Verständige liebreiche Mutter, wo seid Ihr? Sechs Uhr am Abend, wie lange noch läßt mich der Höchste ungebrochen, wohin noch leben? – Tätig sein muß ich, lernen, damit ich zufrieden bin, zu meinem Frieden gelange, ihn erreiche. Ein Können. 1) *Erklären* meiner spürbaren Eigenheiten Ehrlichkeit, Lockerheit. 2) Mein Geist, der mich zwingt, daß ich als Seltenheit in Krankenhäusern untersucht werde, wann kommt er zu seiner Arbeit? – Wie schlafe ich nun ein, neben diesem seltsamen stummen Studenten, den Stimmen der Kartenspieler . . ., dem fernen Hundegebell, dem *gedämpften* (fast *versunkenen*) Straßengeräusch vor meiner fernen Mutter, meinem so geschlagenen Vater, meinen jüngeren Brüdern, mein so spät erst gewonnener, schon wieder fremd gewordener Bruder, dem Jungen? Kleinen?. . .“

Am zweiten Kliniktage trägt Franz ein: „Schatten nur des versinnbildlichten Kleides, so lange stumm mitgewachter Student, schreien die Pfleger. Derselbe, wie tief sein Geisteszustand auch eingeschätzt ist, saß, nachdem seine Erscheinung den Freunden so unverständlich in das ihnen Würdelose *geglitten* war, auf der Orgelbank, der jetzt sinnt, ob seinem freudesuchenden Gemüt, dem nach Innen gerichteten Geist, wo stärkeres Licht ist, denkend darin zu leben, als Außen, *wo* das Licht eines jeden Tages von so vielen falschen Menschengesprächen mir dunkel brennt. Sinnt, ob seinem Geist kein Fortführen damals, dagegen über die Gespräche der falschen (doppelsinnig?) faulen, als hangendes, drohendes Übel gesehen, empfundenen Menschen: faulen, deren niedere Gesinnung er in lebenslangem Lachen und wahrhaftigem Ernst heuchelnd selbst erfuhr.“

Am Morgen des dritten Tages beschäftigt er sich, ein „Friedesuchender, im sonnigen Blauen des Himmels, der nur eine dunstige Wolke am Rande mitführt, mit dem Gedanken des spanischen Malers zum innenbürtigen Licht“. Er sinnt weiter über sein „Vorhaben, Wunsch an den Höchsten auf die Kraft meines Geistes: die Stärke des Fühlens, des breiten, ungewöhnlich ausgedehnten Feldes der Beziehungen und die sichtbaren und verborgenen zwischen diesen, daß all das (alles), was (das?) Einfluß auf die *Rede* ihre Beständigkeit und dauernde Wahrheit hat, für *sie* an den richtigen Wirkungsort (Ort der Wirkung) in ihr mit Bestimmtheit und Bewußtheit des Wahren gegründet sein (werden) kann, (ist das am Beginn der Worte Gesagte). Pura introductio in veritate oratio (vaste) extensa et phantasia.“

Am selben Tag noch setzt Franz zu einer neuen Fassung dieser „Introductio“ an: „Derselbe, wie wieder sein Geisteszustand auch eingeschätzt ist, saß, nachdem seine Erscheinung den Freunden so unverständlich ausgeschweift (war), auf der Orgelbank, der jetzt sinnt, ob seinem Friede suchenden Gemüt, dem nach Innen gerichteten Geiste, wo stärkeres Licht leuchtet, denkend darinnen leben zu (können) *müssen,* als *Außen* in dem Licht eines jeden Tages, das von so vielen falschen Menschengesprächen ihm dunkel *scheint,* der Friede ihm jemals gegeben sein kann, hat doch die erst mit seinem Leben stürzende Unruhe seinen Geist, sein Gemüt *zweifach* ergriffen.“

Am vierten Kliniktage notiert er: „Pläne für künstlerische Versuche: Praelud. et *fuga* aus es-Dur (auf uns zukommend), Dank einer Mutter, Idyll eines Schulausfluges, Elegie auf einen Schulkirchgang.“

In einer etwas gelösteren Verfassung konnte Franz am 31.8.1957 zu den Eltern entlassen werden. Selbstbezogenheit, geschraubte Sprache und Hypochondrie bestanden weiterhin. Er besuchte die Oberschule am Heimatort, konnte sich dort hinlänglich einfügen, wurde aber Ostern 1958 nicht versetzt.

Franzens Mutter war im November 1957 psychotisch geworden. Sie klammerte sich Hilfe und Anlehnung suchend an ihren Mann, bezichtigte sich als unfähig, den Haushalt zu führen und klagte sich an, zu früh und unwissend geheiratet zu haben. Sie fürchtete, erneut schwanger zu sein und an diesem Kinde zu sterben. Schreianfälle mit schneller Atmung und der Befürchtung, plötzlich zu sterben, wechselten mit aufsässig-enthemmtem Verhalten ab. Im März 1958 klang diese Verfassung, in der diese Frau in manchem das Gegenbild ihres sonstigen scheu-zurückhaltenden Wesens gezeigt hatte, ab.

Franzens Tiraden gingen im häuslichen Zusammenleben weiter. Er vergrub sich in Klavier- und Orgelstudien und hielt den „gewöhnlichen Eltern“ Beethoven und Reger als Beispiele besseren Menschentums vor. Über einige Wochen fühlte er sich durch die Mutter unziemlich sexuell provoziert. Eine Maschinenschlosserlehre brach er bald ab. Die Eltern bereiteten seine Unterbringung in einer Anstalt vor, als Franz sich beruhigte und ein Jahr als Hilfsarbeiter durchhielt. 1959/60 war Franz dann Lehrling in einer Musikalienverlagshandlung. Auch hier kam es zur Entlassung, als Franz nämlich die kaufmännische Seite seiner Tätigkeit („das Freundlichtun nach vorn und das Halsabschneiden nach hinten“) öffentlich zu kritisieren begann. Zuletzt arbeitete er als Hilfskraft im Postdienst. 1961 begann er daneben, sich abends am Konservatorium weiterzubilden. Sein Sprechen und Schreiben zeigte dann nichts Ungewöhnliches mehr. Ein blander schizophrener Persönlichkeitswandel war eingetreten.

Interpretation der wahren Rede

Franzens Sprachwandel erschließt sich am ehesten aus seinem mitweltlichen Leben. Er wurde, was er wurde, in einer abweichenden Familienordnung. Der Säugling lebte unter dem ambivalenten Gefühlsschein einer Mutter, die das Kind – gegen ihr Naturell – in distanzierender Härte nahm. Anders als die Geschwister wurde Franz „ungelöst“ und „unpersönlich“ erzogen. Der kühle, selbstbezogene Vater vertrackte die Familienatmosphäre zusätzlich. Das Kind lehnt die unstetigen Zärtlichkeiten der Mutter bald ab. Franz legt sich bis in die Pubertät eine verschlossene, undurchsichtige Zurückhaltung zu. Onanieskrupel lassen ihn sich dann aktiv gegen die formalistische, von verschwiegenen wechselseitigen Spannungen der Eltern erfüllte Familienwelt auflehnen. Ein Bedürfnis nach wärmerem Angenommensein meldet sich verschlüsselt in hypochondrischen Klagen. Fortan versteigt Franz sich in die Rolle des selbstgerechten Sittenrichters, der die „verantwortungslose Oberflächlichkeit“ der Eltern, den Unernst der Schulkameraden, schließlich die Mediokrität der Umwelt überhaupt geißelt. Dem Abbruch der faktischen Kommunikation entspricht eine elegisch-irreale Weiterführung des Gespräches mit den Eltern in der Korrespondenz. Hier drückt der sonst Zurückweisende eine „Hoffnung“ auf Eltern aus, „die mir schon längst vergeben hatten“. Wenn Franz auf „einen mir freundlichen Menschen“ für seinen kranken und unruhigen Körper und Geist aus ist und auf ein „gnädiges Aufgenommensein“ in einem Hause wartet, wie es ihm nur der Kirchenbesuch gewähren kann, so spricht sich darin das Bedürfnis nach Umsorgtsein durch die Mutter aus. Die ganz auf die Eltern bezogene Suche nach Anlehnung, die verstiegene Beschwörung ihrer Aufgabe, die enttäuschte Bitterkeit schließlich bestimmen die tragisch gehobenen, entfernt an den Spätstil *Hölderlins* erinnernden Äußerungen vor der Klinikaufnahme.

Im faktischen Gespräch mit den Angehörigen war Franz zumeist knapp und klar. Offensichtlich kann die Erwartung auf familiäre Harmonie, die „Hoffnung auf Einmütigkeit" im faktischen Umgang nicht ausgedrückt werden, sondern lediglich in der gehobenen Para-Kommunikation der Briefe, niedergeschriebener Monologe und seltener häuslicher Stimmungsergüsse. Aber auch auf dieser poetisch-orakelhaften Irrealitätsstufe gelingt keine volle Begegnung mit den Eltern. Einwände erreichen ihn nicht. Die Eltern haben sich seinem ethischen Anspruch bedingungslos zu unterwerfen. Gleichwohl erscheint an der Wurzel der Alternativen, in welche Franz zerspalten ist, ein *einheitliches* Anliegen: ein Bedürfnis nach Herstellung einer *heilen* mitmenschlichen Ordnung *qua* Familie, nach „Freude aneinander", nach einem Zurückfinden der „verlorenen Wege". Daß dieses *Anliegen* nicht unmittelbar, etwa gegen die „verdammte Logik" des Vaters, geäußert werden kann, bremst Franzens Sprache in den Jargon der Irrealität zurück.

Franzens dunkle Sprachwelt fordert eine Interpretation geradezu heraus. Man könnte ihre allmähliche Durchsetzung mit einer aufleuchtenden physiognomischen Bilderwelt als Sprach-Entlastung nach den Prinzipien einer umgedrehten Aktualgenese untersuchen. Mit *Müller-Suur* könnte man diesen Sprachwandel aus dem stützenden Einwirken eines transzendentalen Sinnhorizontes verdeutlichen, der eine beginnende Vollzugsstörung des Denkens kompensiert. Keine geringe Plausibilität käme einer psychoanalytischen Auslegung der Sprache auf dem Hintergrund dieses Lebensganges zu. Orale und oedipale Dynamismen lassen sich von der Frühentwicklung über die Pubertätskrise bis in die beginnende Psychose und den gegen die Mutter gerichteten sexuellen Beeinflussungswahn verfolgen. Franzens Kampf gegen die „fürchterliche Versuchung", sein panischer Umgang mit tief verdrängten homosexuellen Impulsen erscheint im moralischen Rigorismus wieder, in dem er sich und die Mitmenschen richtet. Der Daseinsanalytiker endlich fände reiches Material zu Reflexionen über existentielle Befindlichkeiten des Kranken, insbesondere die Aufsplitterung seiner Erfahrung in die von *Ludwig Binswanger* herausgearbeiteten „starren Alternativen".

Da es unmöglich ist, hier auch nur einen dieser hermeneutischen Ansätze durchzuführen, beschränken wir uns darauf, Franz' Äußerungen in einen Zusammengang zu bringen, der ihren Bezug zu seiner *Situation* herstellt. Die ursprüngliche Einheit von Situation und Sprache wird bei Franz dort evident, wo er sich nicht nur in *Selbst-Aussagen* (1) expliziert, sondern zur *Selbst-Auslegung* (2) und zuletzt zum Versuch einer *Auslegung der eigenen „Rede"* und der Rede überhaupt (3) fortgedrängt wird. Suchen wir diese dreifache Struktur deutlicher zu sehen.

1. Für den unbefangen Aufnehmenden sprechen Franzens Lebensgeschichte und seine in sie eingeflochtenen Äußerungen *als solche* bereits. Sie sprechen – vor jeder Theorie – von der gequälten, bohrenden Suche eines jungen Mannes nach einer Region des Lebens, in welcher *Reinheit* des Selbst, *Einhelligkeit* mit den Anderen, eine währende *freudige Feiertäglichkeit* möglich wird. Diese Sehnsucht bestimmt sein Verhalten in den sexuellen Wirrnissen der Pubertät und bleibt vernehmbar aus den ausgefaserten Sprachelaboraten des psychotischen Wandels. Franz versinkt nicht in flächiger Beliebigkeit eines verschwommenen und sprunghaften Denkens und Sprechens. Er kann die assoziative Lockerung, die flottierenden Gefühlstönungen, die erhöhte sinnliche Prägnanz seines Erlebens eben noch *gestalten.* Aus dem Hintergrund andrängender unbewußter Materialien und Prozesse *leistet* er eine verzweifelte Hoch-Zeit. Sie wird vom Stilwandel des Herbstes 1956 durchgehalten bis in die Zeit nach der Klinikentlassung. Dann erst gab Franz seinen verstiegenen Selbst-Anspruch auf und verfiel der Ermattung.

Ein Sich-versteigen im vollen Sinne des Wortes bedeutet es allerdings, wenn Franz sich in diesem bewegten Jahr aus den meisten faktischen Lebensbezügen herausmanövriert und ein Gelände asketischer Vereinsamung erreicht, von wo aus die zurückgelassene Welt in unüberbrückbare Gegensätze auseinanderzufallen scheint. Hier kann sich die „Sehnsucht nach einer Zeit", die sich ihm „willig ergibt", erfüllen. Den „hohen Gedanken, die ich will", begegnet kein kleinlicher Widerstand. Diese freudige Feiertagswelt, in welcher Franz, der „Friedesuchende", mit Gedanken zum „innenbürtigen Licht" umgeht, ist zugleich aber *unvermittelbar* mit der Welt des „Lauten", die vom „hangenden drohenden Übel" der „niederen Gesinnung" beherrscht wird. Die Menschen wollen in dieser Welt des Man nicht „stiller, ehrfürchtiger der Zeit leben". Hier sind es vor allem die „niedrigen", „gleichgültigen", „selbstbewußten" Eltern, aber auch ein noch nicht überwundener Teil des eigenen Selbstes, welche vom „hausbackenen Verstand" nicht loskommen können. Das Sich-Versteigen Franzens ist so angelegt, daß es den Angehörigen jegliche Handhabe nimmt, ihn zurückzugeleiten. *Binswanger* hat gezeigt, wie weitgehend solche Verstiegenheit gegen Zuruf und Zugriff aus der Welt des „Lauten" abgeriegelt sein kann. Insofern ist sie härter, ausschließlicher als ihre puberale Vorgestalt: die einsame, heilende Hallig, auf welcher der Vierzehnjährige, *teilnehmend* am einfach-tätigen Leben des Fischers, Reinigung suchen wollte. Der Verstiegenheit kommt es zu, daß er im häuslichen Alltag von der freudigen Feiertagswelt nicht redet.

Prognostisch und psychotherapeutisch schien es günstig, daß Franz in der erhabenen Höhe seiner Verstiegenheit nie ganz abgeriegelt war. Sein Bedürfnis nach „tiefem Ausruhen" wurde nie ganz gelöst vom Wunsch nach Einigsein mit den Eltern, mit der Mutter vor allem. Sein

Ruf: „Verständige, liebreiche Mutter, wo seid Ihr?" ist zwar im Alltäglichen für Franz nicht mehr ausdrückbar und wird noch durch die Wahl der altertümlichen Anrede gebrochen. Sein Ruf läßt aber Angewiesensein auf das Du spüren. Wie weitgehend Franz um diese Spannung weiß, die zwischen solchen Begegnungen *aus* der Verstiegenheit und konkreten Begegnungen „im Lauten" herrscht, zeigt seine Äußerung „Ihr müßt zurückkommen, nein, nein, bleibt, daß ich Euch nicht beleidige". Der Einsame bleibt auch da, wo er „den Sturm der vertrauten und würdigen Menschen um mich her zur klaren Meeresstille" entwirrt und in einer „willig ergebenen Zeit" Ruhe sucht, angewiesen auf das Gespräch mit den Anderen, auf die „Rede".

2. Wir sahen: Franz ging in der psychotischen Rolle des Verstiegenen nie ganz auf. Er verfügt zwar kaum über jene Distanz zur eigenen Verrückung, die man klinisch als „Krankheitseinsicht" bezeichnet. Aber es bleibt ihm eine Reflexivität, welche offenbar dadurch möglich wird, daß er sich nie in dem erstrebten Bereich des „Ehrfürchtigen", in der Region von „Wahrheit und Seligkeit" halten kann und seine Distanz vom Ort der „hochragendsten Freude", damit aber auch sein Verhaftetbleiben an das „Laute", an die Sphäre „Ausschweifung" schmerzlich registrieren muß. Das bringt eine stetige *Bewegtheit* in seine Aussagen, nötigt zu *Selbst-Deutungen* und Positionsbestimmungen zwischen den Alternativen. Fragen nach dem Künftigen, nach dem „Wohin noch leben?" bleiben möglich. Das verleiht seiner Sprache eine Produktivität, die sie dem formal verwandten, wenngleich in ungemein höheren Gehalten sich offenbarenden Sprachwandel des psychotischen *Hölderlin* ähnlich macht.

Franz sieht sich als Sucher und Wanderer, an dessen Weg, lästig genug, die heuchelnden Freunde mit ihren „natürlich angenommenen Worten" stehen und verständnislos das Abgleiten seiner Erscheinung „in das ihnen Würdelose" beobachten. Sein Weg führt ihn in ein Leben „allein bloß unter Gegenständen" und in die „Gefahr der Vereinsamung und des Unnormalwerdens". Er ist auf der Suche nach „fürchtigen" Menschen, nach einem Ort der „Ehre, Freude, Freundlichkeit, Ehrlichkeit". Als ein verlorener Sohn, dem Abschied und Wagnis des Seltenen auferlegt wurde, erfährt er die Last der Einsamkeit. „Krank ist, unruhig mein Körper. Haus und Nahrung fehlen dem Geist, ein Mensch." Gleichwohl aber bleibt für Franz die Nähe anderer Menschen, „vom anderen Raum" her gesehen, eine Last. Angewiesenheit auf den Anderen ist ihm Abfall vom Eigentlichen, eine „Unsicherheit", ein Versagen vor der Aufgabe, „allein die ungeheure breite lange Zeit zum festen Grund des Bauens meines Könnens" zu verwenden. Er hat zwar „den Faden meines Glücks aus dem Knäuel gezogen", und der soll nun „allen folgenden Augenblicken, Tagen und Zeiten zum Spinnen reichen", aber es bleibt der Zweifel, ob die „Kraft" hinreicht, die auferlegte „Arbeit" einsamer

Selbstvertiefung zu leisten. So wird die Klinik für Franz zum Hindernis, das ihm den Weg zu dieser „Arbeit" versperrt. Recht klar sieht er im Zwang des eigenen Geistes den Anlaß dafür, daß man ihn „als Seltenheit in Krankenhäusern untersucht". Doch dort ist nicht jenes „breite, ungewöhnlich ausgedehnte Feld", wird nicht jene „ungeheure breite lange Zeit" gespendet, die er zu seiner „Arbeit" braucht.

Die qualitative und strukturelle Entfaltung der Raum- und Zeit-Charaktere in der Lebenswelt des Kranken verdiente gewiß eine eigene daseinsanalytische Bemühung. Genannt sei nur die durchgehende *Entschränkung,* die den Grund abgibt für das Lichte und Hohe, die Bläue und Weite der Feiertagswelt des Kranken. Ins Subjektive gewendet entspricht ihr eine *Unbedingtheit,* eine „Ehrlichkeit", welche für Franz zugleich auch „Lockerheit" ist, d. h. Freiheit von den Beschränkungen der „dunklen" Welt „falscher Menschengespräche" und „niederer Gesinnung".

3. Nimmt man die Aussagen Franz' auf eine Weise ernst, die vor dem Ernst des „wissenschaftlichen" Zugriffs liegt, so kann das die *Notwendigkeit* und *Nichtbeliebigkeit* dieses Sprachwandels einsehen lehren. Der getragene und gehobene Stil, die unzäsurierten fragenden Wendungen, die mühsame Ballung der Überlegungen und die Zusammendrängung einer schon zerrinnenden Bilderwelt entsprechen streng diesem „nach Innen gerichteten Geist", der nach einer Sprache sucht, welche, locker und ehrlich zugleich, vom „doppelsinnigen" falschen Menschengespräch unterschieden ist. Die „Überwindung des hausbackenen Verstandes", welche Franz von sich fordert, bedeutet für *seine* Sprache konsequente Abkehr von der Heuchelei, die sich im „lebenslangen Lachen" und im falschen „wahrhaftigen Ernst" ergeht. Der „festere, wertvollere Gedankenstoff" verlangt eine *eigene* Sprache jenseits derjenigen des „hausbackenen Verstandes".

Franz spricht und lebt nicht nur diese Meta-Sprache. Er weiß um sie und er „arbeitet" an ihrer Ausformung mit derselben Unbedingtheit, die ihn auch sonst auszeichnet. Die Notwendigkeit „offener Worte" erfährt er erstmals an der Unzulänglichkeit der Eltern für seinen „anderen Weg". Er muß ihnen vorwerfen, *Worte* für ebenso gering zu erachten wie das Kind, das diese Worte an sie richtet. Das Wort ist für Franz die „Wahrheit", und das heißt für ihn: die „Gottheit" selbst. Die Wahrheit „müdet" neben ihm, wenn er sich unfrei dem „freundlichen", „nie ganz ehrlichen Gespräch zu Hause" unterwirft und darauf verzichtet, „das Unmögliche zu sehen".

Er gründet sein „Vorhaben" allein „auf die Kraft meines Geistes". Man muß zugestehen, daß Franz dieses Vorhaben für *seine* Sprache in den beiden Ansätzen zu einer „pura introductio in veritate oratio" erfüllt. Es gelingt ihm darin eine genaue Verschränkung seiner (unter 2. erläuterten) Selbst-Auslegung mit der von ihm gewählten und allein als angemessen erachteten Sprachlichkeit. Die Rechtfertigung dieser Sprache aus der Not der Situation wird von Franz als ein Akt angestrengten Denkens in *einem* Satz geleistet. Er lautet: „Mein Vorhaben, Wunsch an den Höchsten auf die Kraft meines Geistes: die Stärke des Fühlens, des breiten, ungewöhnlich ausgedehnten Feldes der Beziehungen und die sichtbaren und verborgenen zwischen diesen, daß all das (alles), was (das?) Einfluß auf die *Rede* ihre Beständigkeit und dauernde Wahrheit hat, für *sie* an den richtigen Wirkungsort (Ort der Wirkung) in ihr mit Bestimmtheit und Bewußtheit des Wahren gegründet sein (werden) kann, (ist das am Beginn der Worte Gesagte)".

Wir verzichten auf eine Reinterpretation des in diesem Satze schon ausgelegten Sinnes von Rede und Wahrheit. Am Rande sei versichert, daß Franz *Heidegger*s Werke nicht kannte. Bleibt zu erwähnen, daß Franz in der zweiten Fassung seiner „introductio" die starre Alternative von „Innen" und „Außen" überwindet. Dem „denkend darinnen" weilenden Geist *scheint* das „Licht eines jeden Tages", wie es „Außen", unter „falschen Menschengesprächen" üblich ist, „dunkel". Zwischen der dunkel *scheinenden* Helligkeit des Außen und dem (vermeintlich) „stärkeren Licht" des „nach Innen gerichteten Geistes" bleibt Franz in der „Unruhe" und „zweifach ergriffen". Er sieht sich zwar weiter gebunden an die Vorhabe, „das Unmögliche zu sehen", öffnet sich aber in der zweiten Fassung zugleich dem Anspruch der durchschnittlichen, im „Lauten" verharrenden Mitwelt. Die *zweifache* Ergriffenheit macht es möglich, daß er sich, der bis dahin ausschließlich auf die Forderung des „nach Innen gerichteten Geistes" festgelegt war, mitweltlichem *Verantworten* erschließt. Diese Entfaltung bekundet sich in einem bemerkenswerten Unterschied der Formulierung der beiden Introduktionen. Sah er sich in der ersten Fassung (fiktiv den Gesichtswinkel der Freunde annehmend) als jemanden, dessen „Erscheinung . . . so unverständlich in das ihnen Würdelose *geglitten* war", so bestimmt er sich in der zweiten als jemanden, dessen „Erscheinung den Freunden so unverständlich ausgeschweift" schien. Vollzog sich das *Abgleiten* in das Abseitige, dies für die Anderen würdelos erscheinende Verhalten, noch *außerhalb* des Verantwortens, so nimmt Franz jetzt seinen Hochweg ins Unbedingte als eine *Ausschweifung* in sein Verantworten zurück. Ausschweifung gehört (für ihn) zur lauten Welt der Anderen. Aber sie gehört (für die Anderen und für ihn, sofern er einer unter diesen Anderen ist) *auch* zur lichten Welt seiner Einsamkeit.

Diese in den Wirrnissen der Ver-rücktheit sprachlich aufleuchtende Fähigkeit zu einem Einander mag mitbegründen, daß Franz, wenngleich ein Gebrochener, in die Welt durchschnittlicher Menschengespräche zurückfand. Es bleibt die Frage, ob dieser Posthilfsarbeiter die „Unruhe des Geistes", von welcher er meinte, sie dürfe erst mit seinem Leben stürzen, je ganz verlieren wird oder soll.

4. Über die Einsamkeit der Abwegigen, unter anderem über Hölderlin

„Ans eigene Treiben
Sind sie geschmiedet allein,
Und sich in der tosenden Werkstatt
Höret jeglicher nur
Und viel arbeiten die Wilden
Mit gewaltigem Arm, rastlos,
Doch immer und immer unfruchtbar."
F. Hölderlin: „Der Archipelagus"[1]

Diätetik der Einsamkeit

Unsere Zeit verhält sich zu dem, was sie Einsamkeit nennt, wie auch zu ihren Abwegigen auf eine fatale Weise kokett. Wir, die wir zugleich Kinder und Väter dieser Zeit sind, liebäugeln im Massen-Tourismus als rechte „Söhne des Gewimmels" *(Hölderlin)* mit den Abgeschiedenheiten einer stillen Natur oder mit dem ummauerten Atrium am Stadtrand, schielen mit einem Auge nach den Sensationen einer Safari und der bestellten Folklore der Eingeborenen, mit dem anderen aufs Fernsehen. Wir genießen mit der Miene von Kennern das Abstruse und Verrückte, das wir uns im schwarzen Humor, in Kunst, Kino und Kattun selbst servieren. Aber wir wenden uns zum karitativen Notausgang, wenn wir in die unbequeme Lage geraten, einen konkreten Abwegigen, mit dem wir mehr als das Gesicht teilen, am Arbeitsplatz, am Tisch oder gar als Verwandten zu haben.

Jede Zeit hat ihre eigenen Strategien, das Übel als Übel zu klassifizieren – und damit zu meiden. Die Heutigen klassifizieren die Abwegigkeit als ein großes, die Einsamkeit hingegen meistens als ein geringeres Übel. Seit anderthalb Jahrhunderten hat die abendländische Gesellschaft Psychiater als „Alienisten", als Techniker und Abwender des Abwegigen eingesetzt, aber sie blieben bestenfalls seine Camoufleure. Und als Zerstreuer der Einsamkeit fungieren seit einiger Zeit die Kommunikationsingenieure, kybernetische Gaukler, die mit dem Zauber grenzenlosen Dabei-seins die Letztendlichkeit des einsamen Ichs kaschieren.

[1] Die *Hölderlin*-Zitate sind dem 2. Bd. (1953) der Kleinen Stuttgarter Ausgabe von *F. Beissner* entnommen: Hölderlin, Sämtliche Werke, 6 Bde., Stuttgart 1944–59. Zitat ebd. 115.

Eine *dialektische Diätetik,* die beiden Übeln auf die rechte Weise steuern wollte, die also für eine gegebene Zeit und die in ihr lebenden Wesen einen „Goldenen Schnitt“ zwischen entfremdender Einsamkeit und selbstverlorener Gemeinsamkeit, zwischen umnachteter Abwegigkeit und außengelenkter Gängigkeit legen könnte, sie steht heute vor prinzipiellen Schwierigkeiten. Denn Einsamkeit und Abwegigkeit sind nicht Übel, welche unabhängig voneinander variieren: sie bedingen einander vielmehr wechselseitig. Wer vereinsamt, vergrößert seine Chance, auf den Abweg, im schlimmsten Fall in den Wirbel der Verrücktheit zu geraten. Und wer den Abweg nimmt, wird von ihm in das geführt, was den meisten als Einsamkeit gilt. Nicht daß es den Abwegigen gibt, seit je gab und daß man aus der naiven Einschätzung des Abgesonderten immer schon um diesen Zusammenhang wußte, macht ihn heikel. Vielmehr läßt ihn das grelle psycho-hygienische Wissen um den Zusammenhang von sozialer Isolation und defekter seelischer Gesundheit zu einem schmerzhaften Schuldpunkt des modernen Bewußtseins werden, um den man mit den üblichen Manövern der Verleugnung und Verdeckung herumzukommen trachtet.

Einer Diätetik, die so etwas wie ein rechtes Maß zwischen Einsamkeit und Gemeinsamkeit, Abwegigkeit und Gängigkeit – eine Art neuer *ἀρετή* – in diesem menschlichen Gelände vorbereiten könnte, steht überdies entgegen, daß diese Zeit zu kräftig dem Kollektiv huldigt. Sie honoriert Typen, welche die Ehe in der Gruppe, die Arbeit im Team und die Freizeit im Club tätigen. Sie heiligt den Tag, den *homo faber,* und läßt, was an ihr Nacht, Spiel, Phantasie und sonst notwendig konfus ist, als ein anderes, Fremdes und Unverantwortetes durch die Techniker der Tiefe unter den Psychiatern verwalten. Die neue Welt hat ihrem Anhang, dem greisen Europa, den „Mixer“ beschert: einen Abkömmling des tätig helfenden, sich durchsetzenden Pioniers aus dem Mittelwesten, den Manager, der *human relations* kann und dessen Strategie Umsatz qua Verbindlichkeit ist. In seiner Welt sind *loneliness* und *maladjustment* nicht mehr üble Schicksale, in die Menschen sich verirren, sondern Untugenden, durch gezielte Ingenieurs-Humanität zu beseitigen.

Vor einigem erlebten wir *Proteste* gegen dieses Regime einer kalten Werkgerechtigkeit, das die kreative Nacht-Seite dieser Welt ständig vertagt. Der Protest zeigte das Gesicht des enttäuschten Kindes: er richtete sich nicht zufällig gegen den „Vater“ *Staat* und quartierte sich ebensowenig zufällig in „Mutter“ *Universität* ein. Aber dieser Protest wollte keinen neuen Menschen, keine neuen Wege und also auch keine Abwege, keinen neuen Typ des Einzelnen, sondern die rationale Radikalisierung des bislang nur vorgeblich Verwirklichten: der Republik, der „großen Gesellschaft“, der Vergemeinschaftung im Haben. Und das alles garnierte sich mit Pop-Trance, mit jenem leichten Schuß an Blumenkinder-Verruchtheit, der heute nun zum guten Ton gehört und den Weltläufigen ziert.

Die Chance, eine neue Diätetik der Einsamkeit zustande zu bringen, und damit das Absonderliche, das bukolisch Frivole, das Abwegige bis hin zum Verdüsterten und Umnachteten förderlich aufs Menschliche zurückzubeziehen, hat der Protest, ins clevere Management eigenen Bewirkenwollens verstrickt, vertan. Von einer dialektisch getrimmten Psychoanalyse fasziniert, betrieb er die Schau der sozialen Eingeweide und legte die Schimäre „Staat", die von der merkantilen Wundergeneration der Väter noch mit platzenden Portefeuilles und Arterien einverleibt worden war, als das unverdauliche Andere seiner selbst aus, und das wurde bespien und mit Republikanergebärde unter den Absatz getreten, ohne daß man damit freilich aus seinem ominösen Bann geriet. Dieser Staat, der in der „vaterlosen Gesellschaft" für die Väter herhalten muß, wurde zum großen Popanz, den die Protestler umtanzten, Obszönitäten auf den Lippen, den zu bestehlen und mit Fäkalien zu beschenken sich empfahl. Bei alledem vergötzte der Protest die sogenannten Fakten der Soziologie und ging daher mit dem Hauptfaktum „Staat", zumindest in der Reflexion, glimpflicher um als alle früheren Theoretiker der Anarchie. Die jungen deutschen Idealisten und unter ihnen der ebenso zarte wie entschiedene Geist *Hölderlin* (dessen Geschick diese Überlegungen noch beschäftigen soll) kritisierten den Staat heftiger als seine Opponenten von heute:

> „Die Idee der Menschheit voran – will ich zeigen, daß es keine Idee vom Staat gibt, weil der Staat etwas Mechanisches ist, so wenig als es eine Idee von der Maschine gibt. Nur was der Gegenstand der Freiheit ist, heißt Idee. Wir müssen also auch über den Staat hinaus! – Denn jeder Staat muß freie Menschen als Räderwerk behandeln, und das soll er nicht. Also soll er aufhören."[1]

Mütterlichem gegenüber war man pietätvoller. Gewiß: man durchstreift heute nicht mehr mit suizidalischem Schauder öde Ebenen, feiert nicht mehr auf sentimentale Wandervogelmanier das Weben der Landschaft als Gleichnis für eine organismisch geträumte Gesellschaft bei gedämpfter Klampfe und birgt sich nicht in Mutter Naturs raunendem Schoß. Vielmehr versammelt man sich zum love-in in gepflegten Aristokraten-Parks oder findet sich in Schuppen und Aulen, in den Samen-Stuben der *almae matres* zusammen. Man belegt und besetzt, endlich „konkret" geworden, die von Vater Staat zu Unrecht usurpierten Mütter mit jenem inzestuösen Touch, der Pubertierende überkommt, wenn sie ihre Mütter einmal vor väterlichen Zudringlichkeiten schützen dürfen. Und die Repräsentanten des Patriarchats wohnen diesen Begebenheiten milde duldend bei, humboldtscher Reminiszenzen voll. Denn erstens gehört sich, wie gesagt, ein diskretes Salutieren vor dem Abstrusen, das diese Schwärmer vertreten, zweitens wird man einer privilegierten

---

[1] Entwurf zum ältesten Systemprogramm des deutschen Idealismus, *Schelling* zugeschrieben. Zit. *J. Hoffmeister,* Dokumente zu *Hegel*s Entwicklung, Stuttgart 1936, S. 219 f.

und daher brausenden Jugend die Stillung ödipaler Sehnsüchte doch nicht versagen wollen, da man das Hausbuch der Psychoanalyse gelesen hat, und drittens hegt man ein – berechtigtes – Vertrauen darauf, daß chiliastisch-kommunistische Bewegungen immer schon kurzlebig waren und es bleiben werden.

Derweilen aber nistet sich diese *Jeunesse* in den ausgedehnten und daher schwachen Außenwerken der ebenso schönen wie verbotenen akademischen Festungen ein, proklamiert ewiges Bleiben und feiert den Inzest mit analem *acting out* und orgiastischen Praktiken, die den Fruchtbarkeitsriten lebender Naturvölkchen abgeschaut wurden. Was von dieser infantilen Annexion reflektierbar wird, das erscheint dann in den Wandzeitungen – und zwar in jener ärmlich-abstrakten Sprache, die man *Friedrich Engels* und *Karl Marx*, diesen Klassen-Besten des vergangenen Jahrhunderts, abgesehen hat. Bis dann die Häscher der überforderten Konsulen erscheinen und die Erschlafften in die väterlichen Verliese zerren . . .

Endzeiten treiben Utopien. Die Kommunarden-Utopie dieser Söhne, die Bodenblütigkeit ihrer Väter und die viktorianische Hurra-Ideologie ihrer Großväter sehen verzweifelt nach jenen selbstgestrickten Nichtigkeiten aus, mit welchen Epochen, die nicht mehr mit den „Mächten" auf Du und Du stehen, sich den Blick in den Spiegel des historischen Vergleichs verhängen. Er würde ihnen vermutlich viel Lächerliches zeigen. Philosophische Köpfe haben uns vor mehr als hundert Jahren als „Vereinzelte" festgestellt. Mag sein, daß wir das unerträglich finden und uns darum so billig an die Gruppe, ans Kollektiv oder an welche Herde auch immer verkaufen. Von der Erfahrung einer Bestialität geschüttelt, die wir in der analytisch erhellten Innerlichkeit unserer selbst ebenso vorfinden wie in den bloßgelegten Massengräbern dieser Dezennien, suchen wir mit dem Schwindel von Solidaritäts-Ideologien jene doppelte Zumutung abzuweisen: endlich und einsam zu sein.

Das einsame Ich und die Philosophen

Mit diesem sehr persönlichen Blick auf die Gegenwart ist ein Hintergrund gewonnen für strengere Überlegungen zur Frage nach der Einsamkeit der Abwegigen im Verhältnis zu uns als den Anderen. Was es mit dem Ich als *einsamem* auf sich hat, ist von der Philosophie seit *Johann Gottlieb Fichtes* und des späten *Friedrich Schellings* Ich-Metaphysik, entschiedener noch durch die Denker der radikalen Vereinzelung des Menschen wie *Sören Kierkegaard*, *Max Stirner* und *Ludwig Feuerbach* erschlossen worden. Ob es so etwas wie ein partnerloses, einsames Ich als Ur-Tatsache gibt, das den oder die Anderen in vermittelnden Akten allererst hervorbringt, oder ob dieses Ich sich seinerseits vom Ansatz her durch den oder die Anderen konstituiert findet, ob zwischen dem Ich und dem Anderen von vornherein eine Begegnungs-Balance besteht (etwa die Konsumbeziehung von Nutzer und Verbrauchtem, die persekutorische des Opfers, das erst unter dem Blick des Verfolgers zu dem wird, was es ist), ob endlich das Subjekt und der Andere, Ich und Du ihre Genesis in einem solidarischen, sie aber beide transzendierenden „Zwischen" haben, oder ob sie ein „Einander" ist, das sich in gelingender oder mißlingender Solidarität je erst herstellt bzw. zergeht (Problem der „Intersubjektivität"), das alles hat die Sozial-Ontologen seit der Jahrhundertwende immens bewegt. Prüft der Psychopathologe die Aussagen der Transzendentalisten, Dialogisten und Dialogiker zum Verhältnis von Ich und Anderem – und die Art dieser Aussagen entscheidet bereits über den konkreten Sinn von Einsamkeit – auf ihren hermeneutischen Wert für die Erhellung des Lebens der Abwegigen, so wird er durch Geister wie *Martin Buber, Gabriel Marcel* und *Ludwig Binswanger* angezogen: sofern sie das Menschliche in eine Dialogik einholen, an welcher sich zugleich prinzipielle Möglichkeiten seiner Ver-rückung ablesen lassen. Wenn es nämlich richtig ist, daß es in der Welt faktischen Mitseins so etwas wie ein ursprüngliches Ich nicht gibt, wenn dieses vielmehr sein Sein in und aus jenem „Zwischen" hat, das sich zwischen dem Ich und dem Anderen ereignet, wenn also das vereinzelte, zum *Heidegger*schen „Selbst-sein", zur *Jaspers*schen „Kommunikation" zur *Husserl*schen „Weltvernichtung" in der ἐποχή oder zu was immer entschlossene Ich sich zum subjektivistischen Unterbau verdünnt, so darf man das *Gespräch* als Ur-Ereignis des Intersubjektiven ansetzen. Darin sind Ich und Anderer seit je verwickelt; in ihm stellt das Ich sich am Anderen her, sei er nun der konkrete Andere in einer äußeren Situation oder der mit mir seit je verschwisterte interne Andere meiner selbst. Mißlingt das Gespräch zwischen dem Einen, der ich bin, und dem Anderen in mir, der ich ebenso bin, oder versiegt das Gespräch, in welches ich als dia-logisches Ensemble mit dem oder den externen Anderen meiner Lebenswelt bisher verwickelt war, so resultieren daraus je unterschiedliche Gestalten von Einsamkeit.

Hier ist nicht der Ort, die Verzweigungen dieser formalen Dialogik zu skizzieren. Das hieße auf weite Strecken auch *Michael Theunissen* kopieren, dessen Buch „Der Andere" das Problem der dialogischen Vermittlung von Ich und Du präzis entfaltet und in seinem resignativen Schluß überdies eine luzide manichäische Spekulation über das Gespräch des einsamen Ich mit sich selbst enthält, die den Psychopathologen angeht. Die Pathologie des *werdenden Ich,* dieses Kernstück der Psychopathologie überhaupt, zeigt nämlich, daß das Ich sich im Dialog mit dem Nächstbegegnenden, der Mutter zumal, konstituiert. Erst in der dialektischen Erfahrung des Besitzens und Verlierens der Mutter werden unterscheidbar und damit wirklich: Ich und Nicht-Ich, Mein und Dein, Sein und Haben. Schon das archaische Ich ist symbiotisch-ekstatisch, nicht narzißtisch, und der Andere bleibt nie nur der externe Partner, den ich erkenne, anerkenne, der mir in Liebe und Haß verbindlich oder gleichgültig wird, sondern ich eigne ihn mir auch an – und all das geschieht in ihm und von ihm her. Nie existiert der Andere allein außerhalb meiner selbst, sondern ebensosehr in mir, wenn Sprache und Dialog das Ich konstituieren.

Kommt nun ein Mensch vom Wege ab – welche Gründe diesen Abweg auch immer bedingen –, steht er auf dem Wege still, schiebt ihn auf, kehrt auf ihm um, läßt sich darauf treiben, bricht seitwärts aus, erstarrt vor einer Kreuzung, verirrt oder versteigt sich ins Ausweglose usw., so bedeutet dies einerseits, daß sich die Phyiognomie und die Stimme des Anderen seiner selbst wandeln kann, d. h. zu Kritik, Lob, Lästerung, Klage wird, und es bedeutet andererseits, daß der konkrete Andere seiner Lebenswelt ihn auf diesem Abweg begleiten, verlassen, für ihn einspringen, in schöner Gleichgültigkeit vor ihm verharren oder wie immer sich zu ihm verhalten kann. Und das alles bedeutet möglicherweise für ihn als dialogisches Sein mit sich und für uns: Beredtheit oder Schweigen, Mißklang oder Unisono, Kampf oder Tarnung – und das wiederum ist gleichbedeutend mit einem Zugewinn, einem Gleichgewicht oder einer Einbuße an Einsamkeit. Solche Einsichten lassen sich jedoch nicht auf die bequeme naturwissenschaftliche Manier zu dem Schluß treiben, daß damit auch eine Zunahme, ein stabiles Gleichgewicht oder eine Minderung an absondernder Einstellung, an abwegigem Verhalten gemeint sei. Ob und wann die Stimme des imaginären Anderen meiner selbst oder des mir entgegenkommenden Anderen in meiner Lebenswelt mich überwältigt, in mich einbricht, nicht mehr in spielerischer Freiheit von mir zugelassen oder abgestellt werden kann, sondern als mein eigenes Wort sich gegen mich kehrt und schließlich für mich wie für den Anderen jede ephemere Dienlichkeit verliert, ob diese Stimme in den Leib eindringt oder mich meiner Intentionalität enteignet und endlich als ein Anderer den Ort behauptet, der bis dahin allein mein Ich zu sein schien, das errechnet sich nicht aus einem Mehr oder Weniger an Einsamkeit schlechthin, sondern das versteht sich aus der je einzigartigen, unwiederholbaren Geschichte, die ich mit und in dieser Einsamkeit hatte und habe.

Einsamkeit als Indikator für psychische Krankheit

Faktorisiert man Einsamkeit zur „sozialen Isolierung“, so korreliert sie mit der Wahrscheinlichkeit, psychisch zu erkranken. Diese Wahrscheinlichkeit liegt für unverheiratete Frauen oder Männer sieben- bis elfmal höher als bei Verheirateten. Sie besagt ferner, daß psychisch Kranke bei gleicher Leidensdauer und Nähe der Angehörigen zum Krankenhaus weniger häufig von diesen besucht werden als körperlich Leidende, daß einzelne oder Gruppen von Menschen, die im Wandern begriffen sind, anfälliger für abwegiges Verhalten sind als Seßhafte, daß vereinzelt und ideologisch ungebunden lebende Einwanderer seelisch ungesunder dran sind als solche, die sich zu Emigrantenclubs zusammentun usw. Wer sich im sozialen Terrain aufwärts zu bewegen wünscht, der lebt nicht mehr in der Misere und noch nicht etabliert: insofern lebt er gefährdeter als der Bescheidene. Und selbst dem langjährig internierten Verrückten läßt sich – verläßlicher offenbar als nach psychopathologischen Symptomen – eine vergleichsweise bessere Zukunft voraussagen, wenn er mehr und vielfältigere Habseligkeiten in und am Krankenbett versammelt hat als sein Nachbar.

Demnach bergen Lagen, in welchen tragende Bindungen abgestoßen werden, in denen das Gewebe des alltäglichen Miteinander in Klatsch und Tratsch, Jubel und Jammer, Hecken und Hacken schmächtiger und die soziale Luft dünner wird, ein größeres Riskio für Abwegigkeit. Die Ladung mit dem Faktor „Isolation“, die den seelischen Haushalt eines bestimmten Menschen in einer bestimmten Situation belastet, läßt sich mit gängigen Sozialskalen gut messen. Der Meßwert ist aber nur dann brauchbar, wenn man den ganzen Hintergrund – etwa eines Isolierungsbedürfnisses – einsieht, z. B. also weiß, ob hier mit einem armen oder reichen Autismus *(E. Minkowski)* oder ähnlichem zu rechnen ist.

Ob also der vermiedene Andere der ängstigende oder aber der uneingestanden ersehnte Andere ist, ob der nahe Andere in der Tat der „Nächste“ ist und nicht ein Hergeholter, der für einen unerreichbaren Anderen steht oder einen imaginären Gegen-Anderen beschwichtigt, das läßt sich aus Meßwerten nicht entscheiden, da diese stets nur die Vorderansicht, die der Vermessene von sich und dem Anderen hat, widerspiegeln, kaum die Kehrseite der Situation. Und wird jemand getestet, der ins umnachtete Gegenbild seiner selbst umgestülpt ist, verhält er sich meistens umgekehrt. Der Proband und der Andere, deren manifeste und virtuelle Beziehung zueinander man zu ermessen wünscht, sind situiert wie die Zuschauer indonesischer Schattenspiele: Die (scheinbar) privilegierten Männer erleben das Spektakel auf der Seite der Figuren, während den Frauen die Schatten-Seite zugewiesen wird. Die ganze Szenerie jenes Spiels, das zwischen dem Einen und dem Anderen in uns selbst und mit uns und dem oder den Anderen gespielt wird, bleibt undurchschaut. Die Totalität des Geschehens zwischen den Subjekten entzieht sich einer Erfahrung, die sich „objektiv“ einrichten möchte und jene „Positivität“ will, welche den meisten als Zeichen von Wissenschaftlichkeit gilt, seitdem sie dem vergangenen Jahrhundert von dem abwegigen Schwärmer *Auguste Comte* eingeredet wurde. Dieser verdinglichenden Erfahrung entzieht sich zugleich auch der Zugang zu Maß und Unmaß der Einsamkeit.

Der Abwegige als unser Veränderer

Eine adäquate Erfahrung der Einsamkeit des Anderen und auch des abwegigen Anderen ergibt sich dann, wenn ein *Verhältnis* zu ihm riskiert wird. Im konkreten Schicksal dieses Verhältnisses erst entdeckt sich Einsamkeit – als gemeinsame Veranstaltung –, wenn das Zusammengehen mißlingt, wenn die Möglichkeit der eigenen Veränderung unter der Erfahrung des Anderen, wenn also „Veranderung“ im Sinne *Michael Theunissens* abgewehrt wird oder erstirbt.

Das geschieht etwa dem Psychotherapeuten, der sich mit einem hoffnungslos Abwegigen, einem chronisch Schizophrenen zumal, einläßt und der dort, wo sein Partner nicht mehr auf einen der vorgeschriebenen Übertragungswege zu bringen ist, jede Absicht auf „Korrektur“ des Gegenübers, jede Regie-Gebärde im therapeutischen Drama aufgibt. Er verzichtet dann auf jede analytische Intervention und hält die dialogisch anspruchsvollere Einstellung des Einander-kennen-Lernens und des puren Zusammen-Seins aus. Ist schon das psychiatrische Bewußtsein allgemein durch eine dialogische Einstellung bestimmt, die nicht mehr objektiv auf das „Symptom“ des Anderen (etwa seine Gespaltenheit in den Einen und in den Anderen seiner selbst) blickt, die den Therapeuten vielmehr dazu bringt, selbst in den Spalt zu springen und durch seine Art und Weise, zu verstehen und sich zu gebärden, den „dialogue interne“ wieder in Gang zu bringen, so hat die hier gemeinte therapeutische Zurückhaltung keinen Ausgang mehr vor sich, der als Erfolg oder Mißerfolg ausgelegt werden könnte. Wo der Therapeut durch die Unerschütterlichkeit des Verrückten aus der ursprünglich gewollten therapeutischen Begegnung herausgehebelt und in die Unmittelbarkeit des Zusammen-Existierens hineingezogen wird, da vollzieht sich eine radikalere Form der Begegnung und im Zusammenhang damit eine radikalere Aufhebung von Einsamkeit. Denn es ist nunmehr der Therapeut, welcher der Situation die Möglichkeit zugesteht, daß sie ihn „verandert“, das heißt ihn als einen anders gewordenen Anderen aus sich entläßt. An solchen Punkten liegt in dem Verzicht darauf, den Eigensinn des Abwegigen als „Widerstand" zu deuten, keine Untreue gegenüber einer weit genug gedachten psychiatrischen Aufgabe. Wann diese Aufgabe das uns Aufgegebene als Forderung zur Änderung des Gegebenen bedeutet (hier also: den Abwegigen auf den rechten oder gar auf meinen Weg zu bringen) und wann sie sich als Aufgeben jedes Willens zur Änderung im Sinne des Respekts vor dem Abwegigen als dem eben nur so möglichen „Nächsten" darstellt, das ist aus dem Horizont des tradierten psychiatrischen Denkens nicht zu entscheiden. Solche Erfahrungen sind uns zuerst und zunächst durch Psychiater nahegebracht worden, die in der Schweiz arbeiten: *Christian Müller, Gaetano Benedetti, Norman Elrod, Martii Siirala* und andere.

Den extremen Fall einer solchen Veränderung des Therapeuten durch eine Gruppe von Abwegigen findet man in *Anton Tschechov*s „Abteilung sechs" beschrieben, und zwar in der Figur des Dr. Regin, der, bei seinen Visiten dergestalt vom Schicksal seines paranoischen Patienten Gromov angegangen, zum emphatisch Veranderten wird, in die Rolle des Verrückten gerät und unter den Fäusten des Pflegers Nikita vollends zum Abwegigen umgeknetet wird. Dieser Doktor, nun zum Patienten geworden, könnte nur dann als Vereinsamter bezeichnet werden, wenn wir ihn aus seinem Verhältnis zu uns als den für ihn jetzt Anderen beurteilten. Sehen wir ihn indessen unter dem Maßstab seiner Veränderung und das heißt seiner eben erworbenen Solidarität mit der „autre monde", so könnten sich die Vorzeichen ändern, und wir hätten in ihm jemanden zu sehen, den eine Einsamkeit *mit uns,* die uns zwar verdeckt blieb, die wir aber gleichwohl mit ihm verantworten, allererst für den Absprung in das fatale Gelände der Abwegigkeit reif machte. So gesehen vermitteln Schicksale Abwegiger die Erfahrung, daß wir ihnen gegenüber das Nachsehen haben, dies wortwörtlich verstanden.

Mit der Einsamkeit der Abwegigen verhält es sich vermutlich ähnlich wie mit der Einsamkeit unseresgleichen. Lassen wir außer Betracht, daß das Abwegigwerden schon als privatives Ereignis vereinsamt – soweit es überhaupt als das Schicksal eines *solus ipse* angesehen werden darf –, sofern es den „dialogue interne" des Verirrten zum Monolog der Nacht-Stimme in ihm werden läßt. Offenkundig ist, daß er in eine Sprache gerät, die von uns nicht mehr als die unsrige erfahren wird. Die Andersartigkeit des Logos des Abwegigen enthebt uns – so scheint es – der Nötigung, dia-logisch mit ihm zu sein, und das macht es uns leicht, ihn als einen Fremden auf Distanz zu sehen und uns damit aus zwingenderen Beziehungen zu ihm herauszuhalten.

Seitdem wir es uns abgewöhnt haben – und das ist seit etwa dreihundert Jahren so –, die Wahrheit der Abwegigen als eine schlüssige, notwendige, der unseren kongeniale Wahrheit, als eine dem Humanen schlechtweg mitgegebene Expression zu sehen, verandern wir diese Abwegigen im großen Stil. Wir nehmen ihnen den Mund und das Heim mit juristischen Kniffen, die dem Polizeirecht abgesehen wurden. Wir verhökern ihre Arbeitskraft für einen Schein-Lohn in den therapeutisch deklarierten Werkstätten jener viktorianischen Kasernen, die den Namen „psychiatrische Krankenhäuser" tragen. Wir vermitteln sie in eine Patienten-Rolle, die derjenigen körperlich Behinderter nachkonstruiert ist. Aber wir servieren ihnen dort einen therapeutischen Minimum-Stil und eine psycho-soziale *vita minima,* die den Staatsanwalt auf den Plan riefe, würde man Ähnliches mit körperlich Kranken veranstalten.

Mit solchen Praktiken halten wir uns den Anspruch der Abwegigen vom Halse und leisten damit von uns aus jener Einsamkeit Vorschub, in der wir sie zu halten wünschen – nicht zuletzt um nicht zu häufig in Zonen, in denen wir uns selbst verborgen sind, an das erinnert zu werden, was unser Teil an ihrem Geschick ist. Wir sind geneigt, Gründe zu erfinden, die uns die Fremdheit der Abwegigen höher und unsere Nachbarschaft zu ihnen geringer einschätzen läßt, als sie es aus sich heraus sein würden.

Sehen wir andererseits, wie nahe oder wie fern die Abwegigen sich im Verhältnis zu uns einzurichten wünschen, so spricht viel dafür, daß sie ihre Distanz zu uns überschätzen. Sie ersparen uns zumeist laute Appelle an unser Sein-mit-ihnen. Es gibt bei ihnen so etwas wie eine ungewollte Verschämtheit, sich selbst und damit auch uns sichtbar zu machen, daß sie eine Stelle im Makrokosmos des Humanen vertreten, die von der vertagten Neuzeit als Ballast und als Defizienz deklariert und insofern preisgegeben wurde. Wäre nicht die Gefahr romantisierender Verherrlichung der Abwegigen, so ließe sich wohl von einer Art ungewollten Takts bei ihnen sprechen. Sie ersparen uns die dringlichen Gebärden von Gläubigern, die ihnen in der Tat anstehen würden.

Ebenso entschieden wie diskret formuliert sich der Anspruch des Abwegigen an uns auf einem der letzten Zettel *Friedrich Nietzsche*s: „Nachdem Du mich entdeckt hast, war es kein Kunststück, mich zu finden: die Schwierigkeit ist jetzt die, mich zu verlieren" (an *Georg Brandes* am 4. Januar 1889). *Nietzsche* weist und verwischt uns zugleich den nächsten Weg zu sich, wenn er rät: „Im Gegenteil, eine Dosis Neugierde, wie vor einem fremden Gewächs, schiene mir eine unvergleichlich intelligentere Stellung zu mir . . ., ein kleines Rezept, sich glücklich aus etwas Unmöglichem herauszuziehen" (an *Carl Fuchs* am 29. Juli 1888).

Der Dialog zwischen dem Abwegigen und uns, der an einigen Punkten der Menschheitsgeschichte (im früh-christlichen und klassisch-arabischen Kulturkreis etwa) zu einem heilen Gespräch geriet, ist mit der neuzeitlichen Überschätzung des Räsonements offensichtlich schief geworden. Wir aufgeklärten Leute, die wir uns in allem so fair vorkommen, haben kaum je Rezepte parat, die etwa den Abwegigen jene „unvergleichlich intelligentere Stellung" *zu uns* ermöglichten: sich nämlich aus der Konformität mit unsresgleichen herauszuhalten. Da es uns schwer fällt, die Idee eines Zusammenseins von Vernünftigen und Widervernünftigen zu realisieren, sind wir wenig bereit, anzuerkennen, daß die Vertreter des Widervernünftigen unter uns ein Segment an Authentizität vertreten, das wir zwar aus unserem Tages-Bewußtsein ausklammern, aus unserer vollen Identität aber nicht abstoßen können.

Hölderlins Einsamkeit und die „Bildsamkeit" des Menschen

Was die Abwegigen aus dem Verhältnis, das sie zu den Anderen eingehen, uns zudenken, ließe sich an chronisch schizophrenen Gestalten, aber auch an neurotisch Gequälten, an Narkomanen u. a. aufzeigen. Wenn hier der späte, irre *Friedrich Hölderlin* als ein Zeuge der *autre monde* angerufen wird, so mag sich das aus der einmaligen Präzision rechtfertigen, mit der dieser dichterische Geist, aus dem gängigen Leben doppelt herausgehoben, das Geschick dieser Zeit und in ihm das seinige als ein abendliches Geschehen, als eine an ihr Ende gelangende Geschichte ausgesagt hat.

Die „Himmlischen" zeigen sich längst nicht mehr. Die „schönen Menschen"[1] kann der Dichter nur mehr als gewesene klagend der jetzt „stummen Welt" vorhalten. Es ist der „Abend der Zeit"[2]. Wenn der sich vollendet hat, dann wird

„Ein Gott auch Tagewerk erwählen,
Gleich Sterblichen und teilen alles Schicksal.
Schicksalgesetz ist dies, daß Alle sich erfahren,
Daß, wenn die Stille kehrt, auch eine Sprache sei."[3]

Bis diese Mit-Teilung geschieht, ist Unerfahrenheit im Miteinander. Insofern auch Sprachlosigkeit, zumeist jedenfalls, denn es gelingt nur selten, daß ein Mensch in der Freundschaft, in der Liebe den Ausgang aus der „Irre" oder daß ein Dichter – dieser fast verbrannte Beseeler – ein Wort ins „Offene"[4] findet. *Hölderlins* Poesie tastet bis in die spätesten Gedichte und Entwürfe nach einem „Aufbrechen"[5] ins Offene. Sieht man von wenigen, formal erstarrten Scardanelli-Poemen ab, deren Steife derjenigen der (zumeist an die Mutter gerichteten) späten Briefe entspricht, so wird dieser Weg je später desto unentwegter ins scheinbar Unwegsame und „Ungebundene"[6] vorangetrieben.

---

1 *F. Hölderlin,* Was hilft michs, Sämtl. Werke, 2. Bd., 368.
2 *Ders.,* Friedensfeier, ebd. 3. Bd., 430.
3 Ebd. 429 f.
4 Brot und Wein, ebd. 2. Bd., 95.
5 Der Gang aufs Land, ebd. 88.
6 Mnemosyne, 3. Fassung, ebd. 206.

Was dieser Weg einem Denken, das *Martin Heidegger* ein „wesentliches" genannt hat, besagt, das hat der Philosoph in seinen „Erläuterungen" zu *Hölderlin*s Dichtung" gezeigt, ohne freilich sehr auf das einzugehen, was sich dem Dichter aus dem „Geviert" an Erfahrung über sein Sein mit den Anderen, den „Sterblichen" zuspricht. Und was dieser Weg – begangen von jemandem, der den weitesten Teil seines leistenden Lebens auf dem Abwege war – einem psychiatrischen Denken besagen könnte, blieb den naiven pathographischen Deutern ebenso verborgen wie den kritisch-methodologisch gerichteten *Hölderlin*-Überlegungen von *Karl Jaspers.* Sie haben diese Gestalt und ihr Auf-dem-Wege-sein aus der Menagerie-Perspektive ausgelegt, so wie sie sich neugierigen Besuchern darstellte, ja auf weite Strecken selbst treuen Freunden, die, wie *Wilhelm Friedrich Waiblinger,* über Jahre mit dem Abwegigen ausharrten.

Bei dieser Gestalt, die „hager in der Mitte des Zimmers steht . . ., sich aufs tiefste verneigt, nicht aufhören will, Komplimente zu machen, und Manieren zeigt, die voll Grazie wären, wenn sie nicht etwas Krampfhaftes an sich hätten", hält sich keiner leicht länger auf. Und selbst frühere Bekannte fanden die Unterhaltung mit ihm „zu unheimlich, zu drückend, zu langweilig, zu sinnlos".

Wer bei diesem Verrückten nicht nur Augenblicke verweilen mochte wie die wenigen seiner vormaligen Freunde, die noch sein Turmzimmer fanden, sondern sich wie *Waiblinger* mit ihm in einen gemeinsamen alltäglichen Ort teilte, der mochte sich „nach und nach an ihn gewöhnen und das Grauen ableben, so wie er seinerseits sich an mich gewöhnte und die Scheu ablegte, die ihn von jedem ihm nicht ganz bekannten Menschen trennte". Es mochte ihm auch gelingen, „den ersten Ursprüngen und Ursachen seines Wahnsinns nachzuspüren". So ergab sich dem Freunde das Bild eines Menschen, von welchem nie hätte gesagt werden können, „er hätte sich beschränken lassen . . ., er wäre nützlicher geworden, und man hätte ihn gelehrt, wie man leben, arbeiten und sich behelfen müsse, wenn man mit Menschen menschlich leben wolle".

Gewiß schlug sich manches aus *Hölderlin*s vielfachen, zumeist unglücklichen Liebeserfahrungen – dazu gehört auch die sein Leben lang prekäre Beziehung zur Mutter – in der schmerzhaften Erinnerungsfülle seiner Dichtung nieder und brachte sie immer wieder in die Sequenz von Abschied und Getrenntsein, von verlorener „Goldener Zeit" und utopisch-zukünftiger Vereinigung.

„Und ledig soll ich bleiben
Leicht fanget aber sich
In der Kette, die
Es abgerissen, das Kälblein."[1]

---

[1] Auf falbem Laube, a. a. O. 217.

Daß er nicht identisch werden konnte am früh verlorenen Vater, von späteren Surrogaten, *Goethe* zumal, nachhaltige Kränkungen erfuhr (weil ihm die ersehnte Bestätigung versagt wurde) und auch im Vergleich zu den kongenialen jüngeren Freunden, denen er befeuernde erste Ideen geliefert hatte, kaum anerkannt wurde, mag ihn gegen die öffentlichen Dinge skeptisch und in Sachen Vertrauen verletzlich gemacht haben. Diesem Erfahrenen im Umgang mit Enttäuschungen blieben die Unvereinbarkeiten der Nähe oder Ferne zum Anderen und Nächsten bis zuletzt ein leidvoller Kreuzweg.

Waiblinger: „Denn so oft ich von *Goethe* mit ihm zu sprechen anfing, wollte er ihn schlechterdings nicht kennen, was bei ihm immer Ausdruck einer feindlichen Gesinnung ist." Ähnlich verhielt *Hölderlin* sich nach *Waiblinger*s Bericht zu jener letzten Geliebten, die man dem aus Frankreich heimgewanderten Rasenden entzog und schnell mit einem nahen Verwandten vermählte. „Nie mehr in seinem Leben wollte er diese Person kennen, wiewohl sie oftmals um ihn war. *Hölderlin* behauptete schlechterdings, daß er nicht die Ehre habe, ihre Majestät jemals gesehen zu haben."

„Zu meiden aber ist viel.
Zu viel aber der Liebe, wo Anbetung ist,
Ist gefahrenreich, triffet am meisten."[1]

„Wer sich seiner annehmen wollte, müßte durchaus seinen Hofmeister machen und ihn von Grund aus wieder aufbauen." Das war ihm schon Jahre zuvor – nicht ohne gönnerhaften Beiklang und aus dem gängigen Verständnis der fatalen Angelegenheit seines abwegigen Schicksals – prophezeit worden, und zwar in einem Brief *Schelling*s an *Hegel* vom 11. Juli 1803. Beide, der Korrespondent wie auch der in seinem Brief Gemeinte irrten, aber ihr Irren war so radikal voneinander unterschieden wie der Kalkül des Tages von der Betrachtung auch des inneren Sinnes, welchem „des Abends Leben"[2] zugehört.

Hölderlin war in seinen uns so abgewandt scheinenden Jahrzehnten weit davon entfernt, ein Gefesselter seines persönlichen Schicksals und in einem verschrobenen Für-sich-sein erstarrt zu sein. Seine wesentlichen Gedichte sind in dieser Zeit spärlicher geworden, aber sie singen bis in sein Todesjahr hinein stetig gewagter, weil schauender die Unverdecktheit des Hiesigen und in ihr das „Schickliche"[3] auch für das Miteinandersein der Sterblichen. Die absolute Vereinung der Menschen, die Wirklichkeit von Liebe und Frieden ist für den irren *Hölderlin* entschiedener als zuvor messianisch bestimmt. Aber was ist, da der Messias ausbleibt, zwischen den Menschen möglich?

---

1 Patmos (letzte Fassung), ebd. 195.
2 Der Frühling, ebd. 310.
3 Der Ister, ebd. 199.

„Feiern möcht ich, aber wofür? und singen mit Andern,
Aber so einsam fehlt jegliches Göttliche mir.“[1]

Menons Wege zu Diotima verlaufen sich „auf matten Pfaden der Erde“[2]. Das Suchen nach ihr, dieser prototypischen Nächsten, geschieht „in der Irre“. *Gustav Schwab* und *Waiblinger* berichten, wie beim irren *Hölderlin* stets neue, bislang von ihm versteckte Briefe zum Vorschein kamen, die Diotima ihm einst geschrieben hatte. „Von Tagen der Lieb“[3] und der verlorenen Nähe zur Nächsten will das Sprechen des Einsamen ausgehen, ahnungsvoll das Heillose dieser Lage klagend:

„Gut ist es an andern sich
Zu halten. Denn keiner trägt das Leben allein.“[4]

Das Sprechen will über den Monolog hinaus und tastet sich zu den Anderen hin, in die menschliche Situation, in der die Sterblichen hören können voneinander, „seit ein Gespräch wir sind“[5].

„Doch gut ist ein Gespräch und zu sagen
Des Herzens Meinung.“[6]

Nie wird feststellbar, daß dieses „Gespräch“ den Anderen überhaupt erreicht, ihn antrifft und damit dem Sprechenden zurückgeschenkt wird. Eine Kluft muß dazu übersprungen werden, dieselbe Kluft, die den Denkern des Intersubjektiven so große dia-logische Schwierigkeiten bereitete.

„Nicht ohne Schwingen mag
Zum Nächsten einer greifen
Geradezu
Und kommen auf die andere Seite.“[7]

Seit dem uranfänglichen Miteinander der Sterblichen, „seit ein Gespräch wir sind“, hat sich viel Entfernendes ereignet. Zur Deutung der ab-fälligen Zeit drängt es den Dichter in zahlreichen Fassungen des Bildes von den zwar benachbart Wohnenden, aber abgründig Getrennten, oder dem Wanderer, der „fern ahnend mit dem anderen“[8] auf der nächsten Bergkette schreitet. Aber auch er, der mehr sah als wir, die wir den Nächsten zu haben meinen wie einen Besitz, verhält bei der Frage: „Was ist dies?“[9] Bleibt der Sprung über den Abgrund ungewagt, so bleiben wir pure „Zeichen“, ungedeutet und nahezu stumm, sprachlos zurückgelassene Zeugen der Götter. Gottähnlich, sofern wir mit ihnen die Schmerzlosigkeit teilen, zugleich aber:

---

[1] Menons Klagen um Diotima, ebd. 81.
[2] Ebd. 82.
[3] Andenken, ebd. 197.
[4] Die Titanen, ebd. 227.
[5] Friedensfeier, ebd. 3. Bd. 430.
[6] Andenken, ebd. 2. Bd. 197
[7] Der Ister, ebd. 199.
[8] Mnemosyne, 3. Fassung, ebd. 207.
[9] Ebd.

„In der Einsamkeit
Und drunten geht der Bruder.“[1]

Diese notdürftigen, ohne philologische Kunstfertigkeit gesammelten Zeugnisse eines abwegigen Dichters mögen erhellen, daß er zwar eine andere, aber eine opfervolle und insofern innigere Geschichte in und mit seiner Einsamkeit gehabt hat als Andere. Der Abweg hat diesen Geist nicht darin unterbrochen, wahrscheinlich eher gefördert, diese Geschichte in einen Gesang zu bringen, der die Weisen, in denen durchschnittliches Existieren sein Verhältnis zur Einsamkeit ausspricht, an Einsicht überholt.

Noch in den Fragmenten der letzten Lebensjahre sehen wir *Hölderlin* dem Wozu dieser Einsamkeit nachsinnen. Er verharrte beim quälenden Thema seines und des menschlichen Seins mit den Anderen, als er, der viele überlebte, längst ganz von ihnen abgekehrt war. „Nun versteh’ ich den Menschen erst, da ich fern von ihm und in der Einsamkeit lebe.“ Je später umso deutlicher hat dieser von der gebildeten Welt gestorben Geglaubte, auf den alltäglichen Umgang mit seinen schlichten Betreuern eingestellt, das umgänglich besorgende Leben in Wendungen besungen, deren Bedeutung man nicht dadurch einschränken sollte, daß man sie wegen stilistischer Merkwürdigkeiten dem Psychopathologen überantwortet.

„Wie selig ist’s, zu sehen, wenn Stunden wieder tagen . . .
Wenn Menschen sich um das Befinden fragen.“[2]

Allein den Tag zu leben, versetzt den Menschen in eine unberedte, unzuträgliche Welt: „Die Menschen leben nimmer allein und schlechterdings von ihrem Schein und Schimmer.“

Dem Dichter mag selbst die Einsamkeit zuträglich sein. Ja, sie scheint eine Bedingung dafür, daß Erfahrungen sich ihm zutragen, die ihm ausblieben, wäre er mit den Anderen im Ephemeren verstrickt. Die Möglichkeit zu stiften, was bleibt – und das ist für *Hölderlin* das Leisten des Dichters – ergibt sich ihm erst im Abseitigen. Insofern die Abwegigen ein Stück, aber auch nur ein Stück gemeinsamen Weges mit ihm gehen, geraten so viele unter ihnen in den Schimmer jener Objektivität, die sich dem Dichter erschließt. Fern von den „Sterblichen“ und zugleich dicht bei ihnen sagt er Erfahrungen aus und vermittelt sie ins Bleibende. Was zwischen ihm, den Menschen und dem Seienden geschieht, ist Entfernung im doppelten Wortsinne: den abwegigen Dichter *Hölderlin* hat es in ein anderes Gelände abgetrieben und er lebt dort mit seinem „Rest“, der sich zeigt, „wenn aus sich lebt der Mensch“[3]. Der Ent-

---

1 Der Vatikan, ebd. 261.
2 Der Frühling, ebd. 289.
3 Der Mensch (1842), ebd. 304.

rückte spricht „ins Offene", und die Ferne zwischen ihm und den Sterblichen macht ihn, wenn er singt, für sie sichtbarer, sofern sie hören, wie er sie – auf dem Abwege – vertritt:

> „Weil, wenn abgesondert so sehr die
> Gestalt ist, die Bildsamkeit dann
> Herauskommt des Menschen."

5. Philosophisch-psychopathologischer Exkurs

> „Einer, der Verrückte beobachtet, tut im Grunde genommen nichts anderes als seinen . . . eigenen, angeblich gesunden Geist mit anderen Geistern vergleichen."
>
> *P. Valéry:* „Die fixe Idee".

Wer sich mit den Schizophrenen in theoretisch-wissenschaftlicher Einstellung beschäftigt und zugleich in praktisch-therapeutischer Verantwortung für einzelne oder Gruppen Schizophrener steht, wird sich immer wieder einmal gedrängt fühlen, aus den Fragen und Sorgen, welche ihm durch diese Krankheit und diese Kranken aufgegeben werden, herauszutreten und – gewissermaßen in naiv-vorwissenschaftlicher Orientierung – das menschliche Faktum des Schizophren-werden-könnens schlechthin in den Blick zu nehmen. Flieht das noetische Interesse gelegentlich seine theoretischen und praktischen Engagements, so mag das den Einblick in verwirrend gefügte Zusammenhänge fördern. Psychiatrische Spezialdisziplinen in großer Zahl versuchen sich seit langem an diesem Zusammenhang: Schizophrenie. Jährlich werden neue Hypothesen, Theorien und Ideologien gebildet, geprüft, verworfen oder geglaubt. Jedoch das Gros dieser Krankheit enttäuscht ein auf Abgeschlossenheit drängendes Wissen. Alle Behandlungsversuche scheinen – aufs Ganze des Leidens gesehen – an seinem Gang und Gesicht wenig auszurichten.

Lebenswelt und Abweg

Klammert man also das Dilemma des wissenschaftlichen Schizophrenieproblems ein, um die Schizophrenie *als* „Verrücktheit" in einer Perspektive zu sehen, welche von *Husserl* als „lebensweltliche" bestimmt würde, so kann das resignierte Flucht in meditative Distanz bedeuten. Eine solche Blickwendung kann indessen auch eine Aufgabe neu vergegenwärtigen, von dogmatischen Resten befreien und *als* wissenschaftliche wieder ergreifen. Erfahrungsfiguren dieser Art sind im psychiatrischen Fach wenig geübt und reflektiert worden. Mehr oder minder ausdrücklich ist eine solche etwa im Spiel, wenn *v. Gebsattel* die „dem Unterschied von krank und gesund vorgängige Grundnatur des Menschen" thematisiert.

Hier ist das methodische Recht einer ursprünglichen Schau auf die Lebenswelt des Schizophrenen, auf sein Sein als Datum des Menschlichen nicht näher zu begründen. Die zu entwickelnden Gedanken zielen auf die lebensweltliche „Sache" des Schizophrenseins selbst. Sie sind notwendig so vorläufig wie die Sache selbst unbekannt ist. Solche Gedanken werden durch den häufig zu hörenden Einwand, es handele sich dabei um bloße Spekulation, angeregt und ermutigt. Eben das Spekulative als Spiegelung eines Erfahrenen, das sich als es selbst zeigen darf, kann Bereiche einschließen, welche das wissenschaftlich gefilterte psychiatrische Erkennen hintergründig bestimmen und zugleich verformen, wenn sie nicht geklärt werden.

Schlicht gegeben ist, daß ein bedeutender, unter wechselnden epochalen, geographischen, rassischen und kulturellen Bedingungen ziemlich konstanter Anteil der Menschheit verrückt wird. Dies Verrücktwerden hat sich in der morphologischen Diagnostik der Psychiatrie als ein Spezialtyp seelischen Gestörtseins greifen lassen, dem *E. Bleuler* bald nach der Jahrhundertwende den Titel „Schizophrenie" gab. Unter Fachleuten verschiedener Länder und Schulen gibt es eine hinlänglich befriedigende Übereinstimmung im Erkennen und Wiedererkennen der Schizophrenien. Der eigentümliche Sachverhalt, daß über die Diagnose des Leidens leichter Übereinstimmung zu erreichen ist als über seine Verursachung, gibt zu denken. Die Diagnose wird aus der unmittelbaren Anschauung eines Menschen, der markant abirrt, destilliert. Der Diagnostiker orientiert sich letztlich an der *Gestalt* eines deformierten Menschseins.

Die Gestalt der Verrücktheit, für die Diagnose noch bedeutsam, scheint in den ätiologischen Theorien nicht mehr durch. Diese sind morphologisch indifferent, an unanschaulichen Relationen, an Ökonomiepflichten usw. orientiert, wie das eben zum Stil positiver Wissenschaften gehört. Hier wird (mit gutem Recht) somatologisch ein System von Hypothesen zu Theorien vereinigt und auf den „Morbus" vorgetrieben oder psychopathologisch ein Gefüge alterierter seelischer Zusammenhänge konstruiert, das die Fülle beschriebener Merkmale ordnen soll. Auch ganzheitliche, personale und wie immer anthropologisch orientierte Sichten, welche die Scheidung von Subjektivem und Objektivem, von Norm und Abnormität, von gesund und krank, von Leib und Seele usw. überwinden wollen, geraten nicht selten in den Sog der den positiven Wissenschaften eigenen analytischen Logik. Das wird immer dann deutlich, wenn das an der Verrücktheit anthropologisch Angetroffene von einer irgendwie fixierten Norm und Null-Skala her bestimmt wird als ein Minus, als Defizienz, Schwäche, Störung, Verlust oder als „Naturexperiment". Sieht man von der schwierigen Frage ab, ob und wie Normen im anthropologischen Bereich überhaupt zu begründen sind, so führen doch derartige tradierte Formeln notwendig zu Mißverständnissen: die philosophische Anthropologie sieht dadurch ihre Absicht, die Fundamente der einzelnen Wissenschaften vom Menschen in phänomenologischer Unbefangenheit aufzunehmen, verwässert, und den posistiven Wissenschaften müssen solche Formeln verdächtig sein, weil sie in ihnen ihre eigenen Termini ins Anthropologische lediglich übersetzt sehen. Selbst dort, wo die psychiatrische Tradition empfahl, den Begriff „Minus" durch „Aliter" zu ersetzen, bedeutete dies eine Scheinlösung des Problems, denn das „anders als" bleibt kontrastierende Feststellung, macht das Anders-sein des Verrückten nicht klarer und wird – wie die Psychopathologie-Geschichte lehrt – bald umgedacht zu „fremd", „unverständlich", „sinnlos" und damit wieder zum Vehikel bestimmter psychiatrischer Theorien.

Das Wort „Verrücktheit" gibt als ein aus der Mechanik der Aufklärung stammendes natürlich kaum mehr her als seine anthithetische Brauchbarkeit im Hinblick auf den Begriff „Schizophrenie" der positiven psychiatrischen Erkenntnis. Will man die Verrückung des Verrückten ertasten, so sind minder präjudizierende Begriffe am Platz: Variation, Modifikation, Aberration, Wandlung, Verirrung, Abweg. Entscheidend ist, daß solche Begriffe die Möglichkeit *regelhafter* Abwandlungen des Menschlichen anklingen lassen. Zumindest sollten sie nicht die Möglichkeit einer Reflexion auf den Abwandlungscharakter des Verrücktseins verstellen, wie sie seit der Scholastik über die Affektenlehren des 17. und 18. Jahrhunderts und *Kant* bis zur philosophischen Phänomenologie geübt worden ist. Dabei verschägt es nichts, daß gerade in den Transzendental-Philosophien eines *Kant* und *Husserl* die Verrücktheit leichtfertig zum Grenzfallseines „Erscheinungsgewühls" oder zur „Zerstückelung" des Kognitiven im Menschlichen wird, und zwar in beider erkenntnistheoretischen Erörterungen. Ganz anders verfuhren diese Transzendentalisten mit der Verrücktheit, wenn sie philosophische Anthropologie trieben. Hier sahen sie die Struktur der Verrücktheit aus der „Regel der Vernunft" oder dem „leistenden Bewußtseinsleben der transzendentalen Subjektivität" keineswegs ausgeschlossen.

Die Schwierigkeiten, vor welche der Psychiater gestellt wird, wenn er diese von der Philosophie entweder dogmatisch und unbefriedigend erledigte oder nur aufgeworfene Frage überhaupt anzugehen wagt, sind groß. Ziel der Frage: die Erfahrung des Verrückten als Bestandteil unserer gemeinsamen Lebenswelt und die Weisen jener Erfahrung, welche für den Verrückten eine besondere Weltregion konstituiert. Weiter der Anspruch, daß auf diese Weise allmählich ein zusammenhängendes *philosophisches* Gerüst psychiatrischer „Grunderfahrungen" entwickelt wird, welches die Interpretation der Resultate der positiven psychiatrischen Erkenntnis erleichtert und die haltbaren Einsichten derjenigen Anthropologien ordnet, welche – oft in recht freier Stilistik und mehr zum psychiatrischen Hausgebrauch – in den letzten Jahrzehnten hervorschossen. Dies Ziel wird, wenn es die Mühe lohnt, erst nach längerem Mühen erreicht werden.

Zurück zur „Sache" Verrücktheit. Ihre *morphé* leitet, wie gesehen, die Diagnostik der Schizophrenie, dies zumindest subversiv. In der Ätiologie wird sie unkenntlich oder übersprungen. Klar tritt sie wieder hervor in der therapeutischen und sozialen Praxis. Zwar scheint auch die Somatotherapie als Eingriff und Technik indifferent gegenüber dem im Anderssein des Schizophrenen mitgegebenen Menschlichen. Sie ist die demokratisch und nahezu unbegrenzt praktikable „Methode der Wahl", unentbehrlich für die Behebung der akuten Stadien, verlaufsmildernd, ja nicht ganz selten lebensrettend für diesen oder jenen Kranken. Die Psychiatrie unserer Tage pflegt auf den Vorzug einer „Kombination" von Somato- und Psychotherapie hinzuweisen und auch darauf, daß somatische Prozeduren den Boden bereiten für kommunikative Aktivitäten. Mit Erleichterung quittiert man die psychopharmakologische Regulierung der Atmosphäre psychiatrischer Krankenhäuser. Aber: diese bequeme, „human" genannte Atmosphäre zeigt Unbefangenen auch ihre infra-humane Kehrseite im „organischen" Stationskolorit. Ältere erinnern sich lebhafterer Stations-Physiognomien. Ihnen erscheinen die Abteilungen stumpfsinnig, langweilig, wie „chemische Waschküchen", und es läßt sie dabei ein gewisses Unbehagen nicht los.

Hier interessiert nicht die zu Tode diskutierte Aufrechnung der Somatotherapie gegen die Psychotherapie, sondern der ursprüngliche Sinn jener gebräuchlichen Veranstaltung, mit welcher Verrücktheit in den Quasi-Status körperlichen Krankseins transformiert wird. Daß dieser Kunstgriff keine dem Verrückten äußerlich bleibende Vergewaltigung bedeutet, sondern ihrem Bedürfnis nach leiblichem Umsorgtsein entgegenkommt und ihnen Entlastung von Verantwortungen zuträgt, welche nach durchschnittlichen menschlichen Möglichkeiten unverantwortbar sind, hat *v. Baeyer* gezeigt. Sieht man auf das Ganze dieses Vorganges, so ist er der Versuch, das Verrücktsein als irritierend abgewandelte menschliche Verfassung zur durchschnittlichen Abwandlung leiblichen Krankseins zu neutralisieren. Diese Neutralisierung ist im Hinblick auf die potentielle Erfahrungsvielfalt des Verrückten eine Nivellierung. Diese Nivellierung wird lediglich an ihrem letzten Ende psychopharmakologisch gesetzt. In die medikamentöse Aktion geht ein das komplizierteste Determinationsgesetz sozialer, juristischer und politischer Vor-Entscheide.

Nur einem oberflächlichen Hinblicken erscheinen solche chemischen Maßnahmen gegenüber Verrückten durch dieselben technisch-sachlichen und humanitären Normen geregelt, welche im modernen Sozialstaat für die Therapeutik der körperlichen Leiden oder eindeutig körperlich bedingter psychiatrischer Zustände verbindlich sind. Der Therapeutik sind hier Akzente eigen, die auf die Sonderstellung des Verrückten mehr oder minder direkt verweisen. Man denke an die Unsicherheit der Therapeuten gegenüber den Schizophrenen, an das beunruhigende Fehlen jener Normen, welche die Behandlung der meisten übrigen Krankheiten (auch der psychiatrischen) lehrbar und tradierbar machen.

Deutlicher wird das Gemeinte, wenn man die Einbettung der Therapie in das institutionelle Ganze des psychiatrischen Krankenhaus- und Ambulanz-Wesens beachtet. Angesichts beflissener Reform-Mühen, wie sie sich zuletzt in der „Enquête" niederschlugen, wird ungern eingestanden, daß die psychiatrische Versorgung in konsequenter Verschärfung von den Gründerjahren bis heute bestimmt wird durch Prinzipien wie autoritative Hierarchie, fiskalische Ökonomie, Detention und Defensive. Diese Prinzipien regulieren von vornherein den Spielraum des Kurativen. Säkularisierung und Entzauberung der Verrücktheit scheinen die Minimum-Fürsorge in den Regel-Institutionen ebenso zu bestimmen wie die Quietiv-Therapeutik nach Richtsätzen in den ambulanten Diensten. Diese Entzauberung erweist sich aber als *Schein,* wenn man den sozial-ethischen Umgang der Majorität mit der Minorität der Verrückten überprüft und die mythischen Formeln der Unterbringungsgesetze, der Sozialhilfeverordnungen usw. psychologisch liest. In diesen Sozialkodizes herrscht weiterhin, wiewohl bürokratisch verdeckt, das blanke Entsetzen vor dem Verrückten. Er wird darin anders genommen als der Schwachkopf, der Krüppel und der Verkalkte. Die Gesellschaft hält ihn auf Distanz und duldet ihn ängstlich-argwöhnisch erst dann in der Nähe, wenn er das therapeutische Umerziehungs-Programm der öffentlichen Institutionen passierte und bereit scheint zu beginnen, als ob nichts gewesen wäre.

Diese Situation läßt die genaue Entsprechung hervortreten, welche zwischen der Verrücktheit als einer menschlichen *Möglichkeit* und dem für und gegen sie errichteten System menschlicher Maßnahmen waltet. Solche Maßnahmen tragen eine besondere, der Fürsorge für andersartig Behinderte fehlende sozial-*ethische* Färbung, insofern das Verrücktsein als eine der Verantwortung nicht ganz entzogene menschliche Möglichkeit und nicht als ein mit Tieren und technischen Geräten geteilter extra- oder infrahumaner Zwischenfall genommen wird. Die sekundäre soziologische Tatsache, daß die Verrückten mit seelisch-geistigen Krüppeln, Gebrechlichen und anderen somatisch strikter fundierten Defekten in gemeinsamen Bewachungsinstitutionen weilen, verdeckt zumeist die Einsicht in die Sonderstellung der Verrücktheit. So kommt es, daß die institutionellen und therapeutischen Einrichtungen dieser Anstalten oft ein *Gemenge* darstellen: an die Verrückten wird mitherangetragen jener pflegerische und kurative Stil, der auf Defekte im Sinne des seelischen Tiefstandes oder Abbaues zugeschnitten ist. Und diese wiederum erfahren jene detentive Einengung und argwöhnische Restriktion, die eigentlich den Verrückten zugedacht wurde.

Zu folgern ist Irritierendes, für das öffentliche Bewußtsein nicht minder als für das Selbstverständnis des Psychiaters. In unserem Umgang mit ihnen schlägt auf die Verrückten zurück, daß sie sich uns in schauriger Entfremdung entziehen und uns zugleich die Ahnung der Möglichkeit unseres eigenen Verrücktwerdens entdecken. Die Verrücktheit aktualisiert hintergründig das Risiko der Normalen zur selben Verirrung. Darin unterscheidet sie sich von den erlebnisreaktiv-neurotischen Zuständen, in welchen für die Normalität die Annahmbarkeit eigener identischer Wandlung überwiegt, und von den organisch-defektuosen Zuständen, in denen das Anders-sein verfremdend komplett ist. Den Verrückten gegenüber befindet sich der Normale in einer beunruhigenden Anspannung. Sie entspringt dem kontinuierlichen Wechsel halb versagender, dann wieder scheinbar gelingender Verstehensversuche. Insofern unser Verstehen unter Erfolgszwang steht, wird uns der Verrückte zum kognitiv-empathischen Ärgernis. Noch stärker gilt das für die ethisch-praktische Sphäre. Wir werden zu unbequemem Wechsel unserer inneren Haltung herausgefordert: von der Zurechnung zur Entschuldung, von der Sympathie zur Angst, von fasziniertem Mitgehen zu aggressiver Abwehr.

Der Verrückte ruft demnach in uns ein potentielles Mit-Schicksal auf. Und diese Gegebenheit bestimmt unseren Umgang mit ihm dergestalt, daß sie in all unseren institutionellen Veranstaltungen mit ihm übersprungen wird. Das gilt für die Technik unserer Exploration nicht minder als für die forensische Beurteilung, für die Therapeutik und alle übrigen, theoretisch und wissenschaftlich zumindest vorläufig geregelten Interventionen. Der Übersprung der in der Verrücktheit aufscheinenden allgemeinen Möglichkeit des Menschlichen in Richtung eines rationalen Systems psychopathologischer und somatologischer Maßnahmen legitimiert sich durch öffentlich deklarierte Notwendigkeiten der Psychiatrie als einer Spezialdisziplin der Medizin, die *Georges Devereux* einmal als die angstbindendste aller Wissenschaften bezeichnet hat.

Modus und Morbus

Wenn es zutrifft, daß die Wandlung ins Verrückte eine menschliche *Möglichkeit* ist, und zwar eine durch ihre Abstrusität vor anderen Möglichkeiten ausgezeichnete, so ist sie dem menschlichen Mitsorgen, dem Verantworten ursprünglich verbunden. Sie ent-rüstet, insofern sie die wehrlose Seite unserer selbst anspricht. Sie wirft uns aus gewohnten Sicherungen, sie ent-setzt. Die Ahnung des eigenen So-werden-könnens oder der eigenen Beteiligung geht ein in den Umgang Angehöriger mit ihrem Verrückten. Dieser Umgang unterscheidet sich von demjenigen Angehöriger mit nichtverrückten seelisch Gestörten (s. S. 75 ff.).

Man sollte indessen sehen, daß der Aufweis solcher lebensweltlicher Gespinste um den Verrückten keine ätiologische Interpretation der Schizophrenien ist. Etwa so, daß der Mitmensch und die Gesellschaft durch „frustrierende“ Haltungen eine anfällige Minderheit schizophren machen, daß diese Minderheit durch schwer erträglichen gesellschaftlichen Druck in die schizophrene Modifikation und damit zugleich in die psychiatrische Institution getrieben wird, in der sich dann als autoritativ-detentiver Einrichtung die Aversion der Gesellschaft gegen die Verrückten fortsetzt usw. Oder gar: daß die Minorität der Verrückten die adäquate Haltung in einer unerträglichen modernen Welt repräsentiere, während die Majorität der Normalen eigentlich verrückt sei und dies nur durch den Kunstgriff kollektiver Heuchelei sowie durch Deportation der wenigen Nicht-Verrückten kaschiere. Über solche sozio-dynamische Theoreme, die während der letzten Jahre – zumeist in polit-psychiatrischen Gewand – zu Dutzenden und zumeist an Soziologen-Schreibtischen fabriziert wurden, mag im Hinblick auf ihre therapeutische oder theatralische Brauchbarkeit die empirische Psychiatrie oder die Dramaturgie befinden.

Versuche eines Hineinleuchtens in die Fundamente des lebensweltlichen Umgangs mit Verrückten sind nicht unmittelbar ins Therapeutische zu wenden. In der Einstellung der Unmittelbarkeit dem Alltag des Verrückten Züge ablauschen und diesen Alltag therapeutisch gestalten, sind zwei Dinge. Sie haben der Sache nach viel miteinander zu tun, aber das erste normiert nicht das zweite. Vermutlich ist es für den Psychiater nützlich, wenn er – lebensweltlich – in der Tragödie der Verrücktheit seine eigene Sache mitverhandelt sieht, und vielleicht ist es für den Verrückten nützlich, wenn der Psychiater ihn das spüren läßt. Nicht nur die abständige klinische Therapie, sondern auch psychotherapeutische Erfahrungen sprechen dafür, daß wirksames Helfen allein aus lebensweltlicher Einsicht nicht zu leisten ist.

Der Verrückte ist Grenzfall unsresgleichen. Dies in einem prinzipiellen Sinn und nicht ohne weiteres umdeutbar in die klinisch-psychopathologische These, der Schizophrene lebe eine Variation des durchschnittlichen Seelischen. Eine Erweiterung der privativen Beschreibung der „alteratio“ des Schizophrenen um eine positive Charakterisierung seiner Wandlung wird davon ausgehen müssen, daß und was der Verrückte in der Verirrung, im Wirbel des Wahns leistet und gestaltet. Wie notwendig es ist, die Erfahrung des Verrückten (in der doppelten Bedeutung dieses Genitivs) auf Fundamente zu bringen, welche *vor* einzelwissenschaftlichen Feststellungen liegen, erhellt auch aus der prinzipiellen Relativierbarkeit aller psychiatrischen Aussagen über den Verrückten. Ein psycho(patho)logisches Verstehen ist *denkbar* (und wird faktisch versucht), das den Schizophrenen mit dem Neurotiker gleichsetzt. Gesellschaften sind *denkbar* (und waren faktisch gegeben), die das Für-sich-sein vieler Verrückter integrieren konnten. Juristische, theologische und andere axiologische Ordnungen sind *denkbar* (sie waren und sind realisiert), welche Verrücktheit mit Vergehen gleichsetzen und so fort.

Wird die Verrücktheit einmal nicht nach dem medizinischen Modell des Morbus, sondern als *Modus* des Menschlichen vorgestellt, so kann das manche schwierig einzuordnenden klinischen Fakten angemessener sehen lehren. Die immense Häufigkeit der Schizophrenien jedweder Form und Ausprägung, ihre erstaunliche interindividuelle Variabilität heben diese Verfassungen aus den hereditär eindeutig fixierbaren „Prozessen" heraus. Bei aller phänotypischen Fluoreszenz spurt die Verrücktheit indessen auf wenigen monotonen Bahnen. Das sind aber dieselben Bahnen, auf welchen – nicht minder monoton – unsere Meinungen, Haltungen und Befindlichkeiten unterwegs sind. Offenbar konstituieren sich die „Anlagen" leiblicher *und* seelischer Art, welche zur Schizophrenie disponieren, ähnlicher jenen breiten Bereitschaften, welche die intellektuelle und charakterologische Ausstattung der Menschen bestimmen. Viele der bisher bei Schizophrenen erhobenen somatischen, physiognomischen und charakterologischen Befunde sind eher mit der Annahme einer fundierenden Ausstattungs-Varietät als mit denjenigen eines Prozesses zu vereinbaren. Das Argument des „Prozeßfaktors" entstammt vorwiegend dem klinischen Blick auf die Verläufe. Sieht man aber eingehender auf diese Verläufe, so leuchtet es häufig ein, etwa einfach-progrediente Verfassungen als konsequente Radikalisierungen primär abwegiger Haltungen aufzufassen, Schübe als psychodynamisch einsichtige Dekompensationen labiler personaler Gefüge usw. Das alles ergibt sich indessen nur dann, wenn man den Schizophrenen somatisch und psychisch mit *seinen* Maßen mißt und nicht mit den Maßen der Durchschnittsnorm. Es steht dann um die „Patho"-Genese der Schizophrenen grundsätzlich nicht anders als um die Genese der sogenannten Psychopathen, des Schwachsinns als Variation, der Konstitutionsvarianten, nicht anders auch als um die Genese leiblicher und seelischer Durchschnittsausstattungen.

Diese Überlegungen können zeigen, wie die Normierung psychiatrischer Theorien über die Schizophrenien durch eine ursprünglichere Erfahrung der Verrücktheit möglich ist. Anders als der gängige psychiatrische Wissenschaftsbetrieb gingen wir hier auf die vergessenen Sinnesfundamente der Verrücktheit zurück, auf die Verrücktheit als eine unter anderen menschlichen Möglichkeiten. Dies ergab sich aus einer Analyse des befremdend-vertrauten Gespürs für die im Verrückten aktualisierte menschliche Ur-Möglichkeit. Es könnte Sache künftiger phänomenologischer Untersuchungen sein, den Ort der Verrücktheit in der Ordnung menschlichen Seinkönnens genauer zu bestimmen.

6. Theologisch-psychopathologischer Exkurs

„Der Wahnsinn ist in uns aufgegossen, in der Schwebe, latent . . ."

P. Valéry: „Die fixe Idee."

Gedanken über abwegige Menschen müssen eine Schranke ins Auge fassen, die oft zum Abgrund wird zwischen ihnen und uns. Was jenseits des Abgrunds liegt, wird leicht der Population der Verrückten zugerechnet. Und diese werden ebensoleicht zu Versagern in einer Gesellschaft deklariert, welche Leistung und Wohlstand als Idole bestarrt und deren Gewissen im Glauben an technisch-rationale Perfektion und mythischen Fortschritt zu ersticken beginnt. Diese satte Sozietät schließt die Abwegigen aus ihrem planierten Bewußtsein aus und weiß kaum mehr um die dunklen geschichtlichen Gründe dieses Ausschlusses. Sie hat das Gespräch der Vernunft mit der Widervernunft, das *Michel Foucault* im letzten Jahrzehnt so eindringlich historisch rekonstruiert hat, zuerst blockiert und dann verlernt.

Blick in die Geschichte

Die Psychiatrie ist jung. Kaum einhundertfünfzig Jahre alt, und das ist im Verhältnis zu ehrwürdigeren Disziplinen keine lange Zeit. Fragt man nach der Art und Weise, wie sie sich selbst und ihr Werden im vorigen Jahrhundert verstand – eine Frage, welcher *Dörner* in seiner Analyse des Umgangs der Bürger mit den Irren während der ersten Hälfte des neunzehnten Jahrhunderts gründlicher nachgegangen ist –, so stößt man bald auf den Begriff „Moral" und sieht die eigentümlich verschlungenen Wege, auf denen man mit dieser Moral umging, wenn man sich genötigt sah, sie zu umgehen.

„Es scheint mir nicht undenkbar, daß, wenn ein gottgesandter Prophet und Wundertäter oder ein rechter Magus in eines unserer Irrenhäuser träte, er unter einer Anzahl unheilbar Verrückter auch einzelne wirklich Besessene entdecken und heilen könnte, sei es mit bloßer Beschwörung im Namen Jesu oder mit Beihilfe psychischer Mittel." *Justinus Kerner,* der dies damals schrieb, war einer der letzten naiven psychiatrischen Exorzisten, der den Besessenen die Dämonen austrieb. Für ihn lag zwischen der Besessenheit und der Verrücktheit jene feine Linie, die schon die Spätantike gespürt hatte, wenn sie die Verrückten aus den Tempeln jagte, diese vom Zorn der Götter Getroffenen, und sie von den dem Heil wieder zugänglich zu machenden dämonisch Besessenen unterschied. Diese, die Besessenen hatten einen Anspruch auf innerweltliche Heilspraktiken, während jene als heillos Entrückte galten, Gegenstand allenfalls einer Obsorge, die sich in der christianisierten Welt zunehmend unter den Kreuzeszeichen der *caritas* und *misericordia* verstand.

Originäre, intellektuell weniger raffinierte Kulturen machten solch feine Unterschiede nicht. Verrücktheit wurde zwar, wie jede andere Krankheit, von den Göttern verhängt vorgestellt, dies aber in der Konsequenz von Verfehlungen, welche auch ohne transzendenten Einschlag einsichtig sind. So spürt etwa *Herodot* den Ursachen des Wahnsinns beim Spartanerkönig *Kleomenes* nach und sieht sie als Strafe für sein Auftreten gegen *Demaratos,* dessen Absetzung er dadurch erreicht hatte, daß er die *Pythia* überredete, ihn fälschlich für unecht geboren zu erklären.

Wenn man vermutet, die in den hippokratischen Schriften bekämpften „alten Ansichten" seien schon für *Homer* nur noch Relikt einer naiveren Psychologie gewesen, so bedeutet dies, daß elementarische Epochen, wie etwa die archaisch-griechische, die Dialektik von Anspruch und Verbindlichkeit zwischen den sogenannten Gesunden und den sogenannten Verrückten uneingeschränkt auch für die Verrückten gelten ließ. Wobei gleichgültig ist, ob das Vergelten der Schuld den Göttern oder den Menschen zugewiesen wurde.

Deutlicher erkennbar sind die historischen Umschwünge, welche das Verrückte dann als theologisch oder mitmenschlich Verantwortetes sehen ließen – so bei *Empedokles,* in Resten bei *Plato* und den attischen Tragikern. Spätere Zeiten gaben es einer anonymen Physis und damit einem Raum anheim, wo kein Verantworten mehr war. Es ist eine ungelöste Aufgabe der Psychiatrie-Geschichte, den kollektiven Gewissenshaushalt solcher Epochen näher zu untersuchen und die Dialektik Solidarität/Exklusivität gegenüber den Verrückten auf dem Hintergrund der wechselvollen Schicksale geschichtlich gegebener Gruppen zu bestimmen.

Eine solche Geschichte würde zu bedenken haben, daß die Stilistik der religiösen Erfahrung und diejenige des verrückten Ich so weit nicht voneinander entfernt sind, wie das die liberale Theologie der Jahrhundertwende guten Glaubens meinte. Unterscheidendes zwischen den beiden Sphären der religiösen Besessenheit im positiven Verständnis der Theologen und der Verrücktheit in ihrem und der Allgemeinheit eliminierenden Verständnis ergibt sich am ehesten daraus, daß die verrückte Erfahrung in aller Regel vereinzelt, während die religiöse an der Wurzel Hinnahme des Göttlichen oder Hingabe an es im Gemeindeleib war, vom Urchristentum über den ersten Quäker *George Fox* bis zu den christianisierten spiritistischen Kulten Brasiliens heute.

Als die Gesellschaft um 1800 ihre Verantwortung für die Abwegigen an die Psychiater delegierte, bedeutete das zweifellos eine Gewissensentlastung für diese Epoche, die je länger je mehr nur noch eine Ekstase gelten ließ, nämlich die innerweltliche Ekstase der Arbeit, wie sie *Max Weber* durchsichtig gemacht hat. Die Biedermeierpsychiater haben die ihnen angetragene Rolle bald angenommen; seither ist dann ein Verständnismodell für Abwegigkeit nach dem anderen fabriziert worden, und zwar nach dem Auswahlkriterium der jeweils besten Rückzugmotivation für das bürgerliche Bewußtsein: Rückzug vor der immer lästiger werdenden Zumutung an Rest-Solidarität mit den Verrückten.

Es hat wissenssoziologischen Reiz, unter solchem Gesichtspunkt die kleinkarierten Querelen zu studieren, welche die allmählich offiziös werdende Psychiatrie des neunzehnten Jahrhunderts mit den Dunkelmännern ihrer Zeit hatte, gleichgültig, ob das Leute der eigenen Zunft waren wie die „Psychiker" unter den romantischen Psychiatern, oder unverbesserlich moralisierende Pastoren, die noch nicht gelernt hatten, daß etwa der Skrupulant, der es forcierte, ein Gewissen haben zu wollen, den Anspruch verwirkt hatte, bei seinem Gewissen genommen zu werden. *Lengin,* Psychiater dieser Pionier-Zeit, wetterte damals: „So wälzt sich seit Anfang der fünfziger Jahre ein Strom mittelalterlicher Geister, Gespenster, Dämonen und Wunderglaubens durch die römische und protestantische Welt, der trotz der Naturwissenschaften, aller Bildungs- und Aufklärungsmittel immer weiter um sich greift." In dieser Epoche, die sich als liberale verstand, lieferte häufig der Klerus unseren Psychiater-Vorfahren die Brunnenvergifter: „Der Jesuitismus hat den Exorzismus in weitester Ausdehnung wieder eingeführt und dabei seine Kraft auch oft wieder an den psychisch Erkrankten versucht. Evangelische Synoden stellten den Teufel im Kultus und in den Religionsbüchern wieder her." Der um seine junge Würde bangende psychiatrische Funktionär mußte eifern: „Und dabei beeilen sich die staatlichen Organe täglich mehr und mehr, der Kirche zu Gefallen zu sein, und die Männer der Naturwissenschaft stehen daneben und lächeln wie in den Zeiten, als durch die Hexenbullen und durch den Hexenhammer die Hexenprozesse in Szene gesetzt wurden, die Humanisten es taten."

Ärgerlicher noch als die Geistlichkeit, die bald nach ihrer Etablierung mit der Meinung aufgeräumt hatte, jeder Christ habe die Macht, das Teuflische auszutreiben, ärgerlicher als diese Verquickung der Theologie mit der Medizin, die der viktorianische Geschichtsschreiber der Psychiatrie *Kirchhoff* 1890 bedauerte, viel ärgerlicher waren die Kollegen: zumal *Heinroth,* einer der psychiatrischen Romantiker, der vom Bösen sprach, mit welchem die Seele sich begatte, und von welchem ein anderer Apologet der bourgeoisen Klinik jener Zeit, *Friedreich* nämlich, meinte, er habe den Ausspruch *Voltaire*s zuschanden gemacht, daß es dem Teufel ohne die theologische Fakultät nie gelungen wäre, zu Ansehen zu kommen. Geradezu gefährlich erschien der im spätromantischen München um *Görres* grassierende Kreis einer „christlich-germanischen" Heilkunde. Nach *Kirchhoffs* grimmiger Meinung hätte dieser Kreis gar Übles stiften können, „wenn nicht gleichzeitig die gesamte Medizin so große Fortschritte gemacht hätte, daß sie diesen Rest mystischen Aberglaubens umstürzte, der wie eine chinesische Mauer den Ausblick in das Land der freien Diagnose und Therapie hemmte". Kirchenkampf-Attitüde bewegt *Kirchhoffs* Worte, wenn er die Kollegen kurz vor der Jahrhundertwende aufforderte, die Reihen dicht zu schließen: „Der Kampf gegen diese Bestrebungen wird ein harter Kampf werden. Jeder muß auf seinem Platz wirken. Wir Psychiater bleiben vielleicht allein und werden gewiß unsere Hauptgegner immer in den Reihen der hierarchisch, das heißt klerikal Gesinnten finden."

Kompaktgewissen und Kompaktordnung kennzeichnen Epochen, die man als gesellschaftsethische Systolen beschreiben könnte. Sie zeichnen sich durch eine hohe Kontraktions- und Rückzugstendenz des herrschenden Bewußtseins aus. Unsere Zeit, der Leute wie dieser Königsberger Psychiatrie-Professor *Kirchhoff* die Fanfare bliesen, hat diesen Zug. Solche Epochen sind umnachteten Existenzen nicht besonders gewogen und pflegen Zeitgenossen oder Gruppen solcher, welche vom Gewohnten abweichen, mit einer Wachsamkeit zu kontrollieren oder auch als Überfällige zu eliminieren, die auf einer ziemlich durchsichtigen Unverträglichkeitsbeziehung beruht. Nicht jede Zeit nahm die Abwegigen als Mitglieder in den liturgischen Akt auf, wie die Gottesdienstordnung der frühen Christen die Energoumenen. Nicht jede Gemeinde brachte es über sich, Gestalten wie den *Antonius* als Vikare im strengsten Sinne des Wortes zu empfinden und ihm das Brot in das Gehäuse jenseits des Nils herabzulassen, wo der Fünfunddreißigjährige sich eingesiedelt hatte, nachdem er zuvor mit einer Gruppe von Anachoreten in der oberen Thebais herumgeschwärmt war. Gewiß, die Gegenwart ist weit davon entfernt, mit protestierenden Menschen oder Mönchen zu jubilieren, wenn sie sich mit Benzin übergießen und sich in Fackeln der Klage über die vertagten Taktiken dieser Zeit verwandeln, so wie das Mittelalter mit den verzückten Beginen jubilierte, wenn der Eingang zu deren Hütten vermauert wurde.

Der fortschrittsgläubige Psychiater *Kirchhoff*, der gewiß kaum chiliastischem Orakeln zuneigte, kam gleichwohl um die Vermutung nicht herum, daß der Kampf ums Dasein jetzt – damit meinte er seine Zeit – rastloser geworden sei und im Mittelalter wohl weniger Opfer gefordert habe als heute. „Denn das rastlose Treiben unserer Zeit, die selbst im Genuß keine behagliche Ruhe erlaubt, reibt in mühevoller Arbeit das Nervensystem auf und zertrümmert die Spannkraft des Geistes vieler."

Es interessiert nicht so sehr die fragwürdige Milieuhypothese *Kirchhoffs*, sondern das in der Schilderung dieses positivistischen Wissenschaftsgeschichtlers ausbleibende schlechte sozietäre Gewissen. Den Männern der Naturwissenschaft dieses neunzehnten Jahrhunderts konnte es nicht in den Sinn kommen, sich ernstlicher mit der „ungenießbaren christlichen Heilkunde" der Münchener Professoren um *Görres* auseinanderzusetzen. In ihren Augen mußten diese psychiatrischen Schwärmer, die eine förmliche Teufelsmanie bis ins Volk trugen und den Ursprung aller Krankheiten aus der Sünde lehrten, als verblendete christlich-germanische Scharlatane gelten, die den Verstörten nur schaden konnten. Ihnen galt *Wagnitzens* Warnung: „Hoffentlich wird es dahin kommen, daß man das Evangelium, das zwar den Elenden, aber doch gewiß nicht den Vernunftlosen gepredigt werden soll, gar nicht mehr vor solchen Zuhörern entweiht oder es vielleicht gar zur gefälligen Ursach mache, die religiösen Wahnsinnigen noch kränker zu machen."

Das ist ein anderer Ton als derjenige des hohen Mittelalters, als man es für einen Erweis der Heiligkeit einer kirchlichen Handlung halten konnte, wenn Besessene bei ihr durch Schelten und unziemliches Einreden die liturgischen Obertöne zum kerygmatischen Kontrapunkt setzten. Die mitleidige Zärtlichkeit der germanischen Kirche für die geistig Gestörten schwand bald dahin, und es dauerte nicht lange, bis sie zu unreinen Teufels-Gefäßen deklariert wurden. Es scheint so, als würden erst in unserer Zeit die Kirchen sich wieder für Menschen öffnen, welche die verleugnete Panik dieser Epoche dort stammelnd gestehen wollen. Das auf die Endlichkeit bezogene abweichende Verhalten der modernen Kommunardengruppen, der Hippies und anderer gammelnder Exzentriker unserer Tage läßt sich ohne große Fehler in Parallele bringen zu den Energoumenen, Anachoreten und Besessenen der mittelalterlichen Welt, welche die Unendlichkeit stammelten. Was gestern *Fritz Teufel* und anderen merkwürdigen Kirchgängern geschah, ist blasse Erinnerung an rüdere Formen der Ex-Kommunikation, wie sie zur Zeit der klassischen ersten Ausgrenzung der Verrückten gepflegt wurde. „1788 fiel ein verrückter Züchtling dem Prediger in der Kirche ins Wort, da er glaubte, dieser hätte auf ihn angespielt. Der Verrückte rief: ‚Das ist nicht wahr, das sind Lügen! Ich bin kein Schelm oder Dieb, sondern ein ehrlicher Mann und verdiene diese meine Gefangenschaft nicht!' Er wurde in eine finstere Koje gebracht, nach der Predigt examiniert, getadelt und wieder dahin gebracht, und zwar auf Wasser und Brot. Nach acht Tagen brachte man ihn aber nach dem Pesthofe." Läßt man die etablierte Geistlichkeit zu Wort kommen, etwa den um 1900 amtierenden Leutkircher Stadtpfarrer *Braun*, so scheint es dieser, „als entziehe der Wahn dem Kranken das Licht des Glaubens und gebe ihm dafür ein Irrlicht, das ihn in die Abgründe der Verzweiflung oder auf die schwindelnden Höhen ekstatischer Zustände, in den Dunst verzerrter religiöser Vorstellungen oder auch in den Schmutz seiner Sinnlichkeit führt, welche die höchsten religiösen Ideen besudelt". Durch den Wahn, den religiösen zumal, wird der Betroffene – so verstand man das damals – einer sittlich wirksamen Kraft beraubt. Seine Religiosität wird betrügerisch-betrogener Schein.

Häufig mag seelenlose Schematik im pastoral-medizinischen Umgang liegen, den beschränkte Geistliche, bornierte Sektierer, *Billy-Graham*-Jünger oder Adepten der Christian-Science den Abwegigen angedeihen lassen. Eine Patientin, welche dergestalt in eine Schuldner-Rolle hineingebetet wurde, schrieb – 1972 – ihrem Arzt: „Ich bin ganz verzweifelt. Die Leute machen mich mit den Nerven fertig mit ihrem Glauben. Das fängt morgens mit Bibellesen an. Eine halbe bis eine Stunde, und dann mit Beten, dann wird den ganzen Tag nur noch vom Glauben gesprochen, und abends wird eine Stunde in der Bibel gelesen und noch eine Stunde gebetet. In ihren Versammlungen haben sie mich schon ein paarmal zu den Predigern hingeschleppt, die die Gabe der Krankenheilung hätten, um mit mir zu beten. Ich möchte ein fröhliches Gotteskind werden, brauchte mir keine Sorgen zu machen. Ich wäre zu ruhig, ich müßte temperamentvoll sein wie sie und sollte dem lieben Gott danken, daß ich bei Gläubigen wäre und nicht bei Bekloppten in der Anstalt leben müßte. Die Ärzte könnten mir sowieso nicht helfen, das könne nur Gott. Wenn ich kein Gotteskind wäre, so wäre ich ein Kind des Satans, und wenn ich nicht gläubig werden würde, käme ich immer wieder in die Anstalt, dann würde ich keinen Mann kriegen, das wüßten sie jetzt schon. Wenn ich etwas gegen ihren Glauben sage, dann sagen sie, ich wäre frech. Das wären bei mir die Dämonen, die drinsäßen, und die Medizin brauchte ich auch nicht zu nehmen, wenn ich richtig glauben würde. Am 1. Mai soll ich zu Familie Y. als Hausangestellte, wo der Mann auch Prediger ist. Inzwischen hat sich aber die Meinung geändert, ich sollte da nur hin, um ein richtiges Gotteskind zu werden. Da ich aber doch kein richtiges Gotteskind werden wollte, könnte ich da nicht hin. Was soll ich jetzt machen? Ich bin völlig ratlos."

Abgott und Gemeinde

Die Gotteskindschaft des psychiatrisch Kranken ist gewiß kein Thema für die säkularisierten Menschheitswissenschaften, aber kein verbotenes Gelände für theologische Exegese, auch nicht für diejenige eines Psychopathologen, der sein Erfahren und Tun christlich versteht. *Siirala,* finnischer Psychiater und Psychosen-Psychotherapeut, hat solche theo-psychopathologischen Erfahrungen in einer Schweizer Psychotherapeutengruppe um *Benedetti* gemacht und formuliert. Seine Antwort setzt zweierlei voraus: den Vorsprung ins Christ-sein, den man seit *Kierkegaard* als eine verzweifelte Aktion eingesehen hat, und den nicht minder verzweifelten, weil in seinem Ausgang stets ungewissen Versuch eines psychotherapeutischen Lebens mit chronisch Schizophrenen. *Siirala* ist hier zu so etwas wie einem absoluten Anfang bereit. Beide, Patient wie Therapeut wandern zu Beginn ihres Weges in derselben „Irre“. Die Situation des Kranken darin ist diejenige einer hilflosen Fragen, die nicht weiß, ob sie ernst genommen wird oder nicht. Sie ist so hilflos, wie sie um Hilfe noch nicht weiß. Sie fragt nach einer Möglichkeit des Vertrauens und kann, da dies noch nicht gegeben ist, nicht im Vertrauen fragen. Der Therapeut kann auf der anderen Seite sein ursprüngliches Angegangensein durch den Patienten nicht mehr in einem wissenschaftlichen Gehäuse unterbringen, um sich dort abzusichern. Die Lebensgeschichte des Patienten ist für ihn keine objektivierbare und als solche auslegbare Angelegenheit mehr. Jede „Bewandtnis“ würde sich die Begegnung mit dem Kranken vom Leibe halten. Das Ärgernis, das der Patient für uns ist, wird allenfalls verdeckt oder auf eine flaue Weise gemildert, wenn es in ein psychologisches, psychoanalytisches oder wie immer geartetes Lehrgebäude eingemauert würde. Wähnt sich der Therapeut in der Wissenschaft als einem idealen Reich der Anweisungen, nach denen man das Richtige erkennen kann und nach denen das Wahre schließlich wie von selbst geschieht, so erhebt er sich selbst zu einer Überperson.

Skepsis hat die verschiedenartigsten Motive, wenn sie sich gegen die gängige Wissenschaft richtet. Diejenigen *Siirala*s sind ärztliche und religiöse, und was sie zusammenbindet, ist der gemeinsame „Fluch“. Der ist auszutragen von der Gemeinde, vom „Gemeinschaftsleib“, von der Vereinigung der Glaubenden, von dieser „Societas in Christo“, deren Heil vom Arzt mitverwest wird, wofern er sich und seine Sache recht versteht. Dazu gehört, daß er sich aus der Versklavung durch psychologische und soziologische Lehren löst, denn sie sind für *Siirala* in gleicher Weise durchtränkt von unserer Herrschsucht, wie unsere Art, sie anzuwenden, verbogen ist. Er muß sich von der geläufigen ätiologischen Schematisierung, wie sie in der Medizin üblich ist, abstoßen und die Frage an den Kranken „Was ist dir widerfahren?“ nicht in einem System von Ursachen stellen, sondern aus der grundsätzlichen Schuld und Verstrickung des Menschen, aus dem „Schuldnetz“. Das heißt Verzicht auf jeden fortschrittlichen therapeutischen Weg, auf ein Wissen, richtig zu handeln. So etwas würde angesichts der Gegenansprüche des Verrückten eine Prüfung auf die Richtigkeit unseres Menschseins selbst bedeuten. Das aber ist uns nicht gegeben. Dies Wissen mag uns bei Erkrankungen anderer Art gegeben sein, nicht beim Verrückten. Was der Schizophrene „ist“, wurzelt nicht nur tief in unserem Irregehen, es ist vielmehr schon die Weise unseres gemeinsamen Irregehens selbst. Die Verrücktheit ist gemeinsame Veranstaltung, charakteristische Meldung von einem Wachposten unserer Gesellschaft, der sich im Netz gemeinsamer Verstrickung verfing und – allein gelassen – darin hängenblieb. Die Frage nach einer „Ursache" für diese ominöse Lage, die nur diejenigen befremdet, welche in ihrem gewohnten Sein keine Verrückung ahnen, würde derjenigen ähneln, warum es überhaupt Streit und Kriege gibt, seit Menschen auf dieser Erde sind.

Der Verrückte als Wachposten ist eines der Opfer aus dem konstanten Anteil unserer Mitmenschen, die dem Abweg anheimfallen und darin eine Haltung signalisieren, die wir alle an unserem eigenen Wesen kennen, obwohl sie uns nicht für alle sichtbar verrückt hat. Der Verrückte vertritt für *Siirala* im Ganzen der Gemeinschaft einen Sinn-Ort, eine Stelle, die wir nicht versehen. Stellvertretend verkörpert er unser aller grundsätzliche Spaltung. Nur wird sie bei ihm zu sichtbarer Bedrängnis. Ihn wie mich wirft der gemeinsame Fluch in wechselseitige Angewiesenheit. Er ist jemand, der uns nötig hat, insofern er an unserer gemeinsamen Schuld krank wird und bleibt. Er vertritt die Stelle unseres gemeinsamen Fluchs. Wir sind ihm nötig, insofern das Unübernommene in ihm, sein Kranksein, uns so lange im Manko hält, bis wir sein Lebensanliegen neu empfangen.

Dieselbe Wechselseitigkeit ergibt sich aus dem Umgang mit dem Bösen. Während wir, zumal wenn wir altern, dazu neigen, das Böse in den unbegreiflichen Eigentümlichkeiten des Kindes, unseres Kindes zumal, unausgesprochen unterzubringen, es in der bösen Natur des Kindes konkretisieren und in jedem Begegnen seine, des Kindes, Angstschemata bewahrheiten, wird von ihm, dem zum Verrückten herangewachsenen Kind, nun der in die Irre geratene Ruf seines Lebensanliegens in die Gemeinschaft hineingehört. Das sind ann die Stimmen, die er hört. Die Art aber, wie sie ihn anrufen, ist Zeichen dafür, daß der Betroffene von der Abgottmacht seiner Empfangswelt, bei welcher seine Gewissensstimmen früher schlummernd untergebracht waren, versklavt worden ist. Die Stimmen sind der Mund der Abgottwelt. Was die Empfangswelt der Eltern dem später Erkrankenden an Angstherrschaft, an Unglauben, Abgottanbetung und hilflosem Sich-verstecken-müssen zufügte, das klagt ihn nun ohne Aussicht auf Anteilnahme und Hoffnung an.

*Siirala*s Gedanken zur Verrücktheit sind keine Theorie eines versessenen, psychodynamischen Theoretikers. Sie führen zu keinen Hypothesen, die so etwas zulassen wie eine experimentelle Überprüfung, eine Validierung oder eine Verifikation mit jenen Methoden, an welchen sich Naturwissenschaft mit Recht ausrichtet. Sie ergeben sich vielmehr aus einer Einsicht, die sich in therapeutischen Verstrickungen verwirklicht, die sich inmitten von Irrtümern und Fehlern, von Blindheit und Trägheit des Kranken *und* des Therapeuten schenkt. Wo andere den therapeutischen Erfolg suchen, da erwartet *Siirala* das sakrale Geschenk: es ergibt sich, wenn wir nicht aufhören, an der Seite des Mitmenschen, hier: unseres Kranken, weiterzusuchen und wenn wir beim Abendmahl, im Gebet gemeinsam mit ihm die Vergebung empfangen. Wenn das Geschenk des Sakraments zusammenschlägt mit dem Neuempfang des leidenden Nächsten als dieses Stellvertreters, dieses Vikars, kann dieser endlich als jemand gelten, der das Leben des Gemeinschaftsleibes mitkonstitutiert.

Das ist eine hochbedeutsame Spezifizierung gegenüber dem schlichten Körperkranken oder dem Krüppel. Beide leisten ja das ihrige mit, indem sie als vollgültige Mitglieder der Ekklesia fungieren und zudem das Elend und die Gebrechen alles Endlichen durch ihr pures Dasein zum Vorschein bringen. Der Verrückte – ganz anders als der Krüppel – wird in *Siirala*s von der Gemeinde her inspirierten Therapeutik anders gesehen. Mit dem Krüppel läßt sich unmittelbar leiden, denn sein Leid signalisiert offensichtlich dasjenige des Erlösers. Gemeinsam aber ist beiden, dem Verrückten wie dem Krüppel, daß wir über den Sinn ihrer Entstellung nicht protokollarisch verfügen können, etwa so: Dies an dir bist ja eigentlich nicht du, dies an dir ist ja eigentlich ein dir von außen anhaftender Fehler. In der Situation Schizophrenie stehen, heißt anderes: einen Menschen unter uns haben, der einen weit schärferen Anspruch an die Solidarität des Gemeinschaftsleibes mit sich bringt, da hier ein Schuldzusammenhang erlöst werden muß, der nicht im Dunkel der Physis oder in ein anonym Zufallendes aufgelöst werden kann.

Eine so verstandene Erlösung ist vom Einzelnen im Zwiegespräch mit dem Verrückten nicht zu bewirken. Der Therapeut muß seine Last abgeben und verteilen können auf eine „Therapeutengemeinschaft", an der er sich abstützt. Dieser Runde der Therapeuten bleibt äußerlich, daß sie den Charakter eines „Kontrollseminars" hat, wie es gerade Schizophrenie-Psychotherapeuten als wichtige Gelegenheit zur Bewältigung unbewußter Einschläge des therapeutischen Prozesses ansehen. Wo Last abgelegt wird, wird sie den Übernehmenden als Lästiges fühlbar. So wandelt sich dann der Stil der kühlen Kontrollgruppe unversehens in denjenigen einer Mäeuten-Gemeinschaft. Schwere Gegensätze können in ihr aufbrechen. Der Verrückte kann so zum ärgerlichen Prüfstein unseres Einstehens für ihn werden. So mag der Verrückte denselben Ärger erwecken, den Petrus gegenüber Christus empfand, als er sich auf dem Wüstenweg nach den Früchten beugte, die dieser fallen ließ. Doch für *Siirala* reicht diese kleine stützende, rational sich kontrollierende Therapeutenschar nicht aus, um Last und Ärger, wie sie von der Verrücktheit bereitet werden, zu bewältigen. Die „Societas in Christo" als Ganzes steht in Frage, denn der Verrückte als ihr Glied und Organ kann ihr nicht entbehrlich sein. *Siirala* hofft hier in einer Art chiliastischer Erwartung auf ein kräftigeres Teilhaben einer Schicksalsgemeinschaft von Menschen an der schizophrenen Not, die ihren Anteil an der gemeinsamen Verstrickung nicht mehr leugnet.

Vorderhand sieht er indessen eine „totalitäre Gesellschaft in ihrem götzendienerischen pseudoreligiösen Wahn als Kult einer primitiven Religion auf dem Höhepunkt der Moderne“. Dieser Wahn ist für *Siirala* eine entsetzliche Entstellung und das Resultat einer Verdrängung der Religion. Eine derartige letzte Verweigerung ist sowohl der „Situation Schizophrenie“ als auch der Abgottanbetung dieser Zeit gemeinsam. Insofern der Psychotherapeut und der Protestant in *Siirala* ungeschieden sind, begreift er diesen fatalen Vorgang nicht in einer Theorie; er bezeugt ihn vielmehr und findet den Grund der Verweigerung nicht darin, daß der Schöpferwille Gottes nicht ernst und mächtig genug wäre. Vielmehr hat dies Fatale darin seinen Grund, daß wir diesem Willen unseren Gehorsam verweigern, ihn immer schon falsch verstehen und aussprechen und uns durch Herrschaft über sein Gesetz zum Eigenherrscher unseres Lebens aufwerfen wollen.

So weit der Entwurf *Siirala*s. Er ist der beachtlichste neuere Ansatz einer Theologie der Verrücktheit. Sie greift in ihren mitmenschlichen Folgerungen weit über die modischen Ideen der „Anti-Psychiatrie“ hinaus und ist der überzeugendste Versuch der Gegenwart, die Moral in der Psychiatrie nicht zu umgehen, sondern sie zum Kern ihrer Praxis, zur Theorie dieser Praxis zu machen.

Der „Psychiker“ der Romantik, welcher den Abwegigen mit dem Bösen vergattet sah und das damit provozierte Ärgernis etwas unvermittelt in den Mantel der Frage nach Gott hüllte, machte sich das ernste Spiel zu leicht, da er sich selbst nicht als einen durch die psychotische Widerspenstigkeit in Frage Gestellten ins Spiel brachte und damit den Abwegigen im goldenen Zwinger der Schuldner-Rolle hielt. *Siirala*s Sicht ergibt sich nicht aus einer planen Psychopathologie, die in aller Harmlosigkeit auf religiöse Phänomene oder auf psychopathologische Phänomene religiöser Thematik „angewandt“ wird, sondern aus konsequentem Verfolg eines Mitseins unter dem Kreuz und dies bis zum verzweifelten Punkt einer durchgehaltenen Begegnung mit dem Verrückten.

Der Verrückte, nicht mehr Verstoßener, auch nicht „Versorgter“, mehr noch als „Partner“ oder als Stellvertreter meiner selbst, vielmehr ein Gläubiger, der den glaubenden „Therapeuten“ – dies durchaus im strategischen Sinne dieses Wortes – ent-setzt, indem er ihn seinerseits befreit, das ist nun allerdings eine Sequenz, wie sie sich dem wissenschaftlichen Kopf unserer Tage anfechtbarer gar nicht darstellen kann. Der Abgott, vor Zeiten von unseren professionellen Vorgängern als ein Externer exorziert, sobald man jemanden von ihm ergriffen wähnte, ist unserem verinnerlichenden Vorstellen zum widerspenstigen Anderen unserer selbst geworden. Von der neueren Theologie zur existentiellen Gegenhaltung entmythologisiert und vom Soziologismus unserer Tage als „sekundäre Institution“ entschleiert, gleitet er noch eine Weile in die

Mimikry der blanken Vorurteile gegen abweichendes Verhalten, wird dort von Häretikern der Psychiatrie wie *Siirala* aufgestöbert und vom Grunde her wieder aufzubauen versucht. Solch zyklischer Gestaltwandel des Teufels bildet eine der historischen Figuren, die in die Geschichte der Psychiatrie hineinspielen und ihres Historiographen noch harren.

7. Die Verrücktheit, die Armut und wir

Das Thema scheint zunächst unzeitgemäß: die Verrücktheit könnte in einer Epoche der Psychiatrisierung vieler Lebensbezüge und einer scheinbar gut funktionierenden Krankenversorgung unproblematisch sein. Die Armut könnte der heutigen Wohlstandsgesellschaft als ein vernachlässigenswertes Randphänomen erscheinen. Was uns angeht, so könnten wir uns im Idol der „formierten Gesellschaft" ein hinreichendes Quietiv geschaffen haben, um uns vor Beunruhigung durch beiderlei Abweichung zu bewahren.

Gleichwohl haben die gesundheits- und sozialpolitischen Gesetzgeber verschiedener arrivierter Staaten auf die beiden gesellschaftlichen Verdrängungszonen der Verrücktheit und der Armut in diesen Jahren empfindlich reagiert. Beide Gegebenheiten enttäuschen offenbar auf ähnliche Weise die Erwartung einer demokratischen Mittelklässler-Gesellschaft auf ein Verhalten, das sich bestimmten Mediokritätsnormen fügt: daß man also eine optimale Berufsausbildung nimmt, bestimmte Wohnstandards innehält, gewisse Niveaus an Aggressivität anderen und sich selbst gegenüber nicht überschreitet und in Angst, Mißtrauen oder gedrücktem Rückzug Maß wahrt.

Geschichtliche Eingeständnisse der Narrheit und Armut

Ganz offensichtlich werden die beiden hier gemeinten Populationen – die Verrückten und die Armen – in diesem Sinne anstößig. Das war nicht immer so, und einige Jahrhunderte lang scheint eine Haltung ihnen gegenüber gekonnt worden zu sein, wie sie sich in der ersten Seligpreisung der Bergpredigt oder der achten Sure des Korans spiegelt. Irre und Bettler hatten im klassischen Altertum, im hellenisch-arabischen Kulturkreis, im Mittelalter und noch in der Renaissance notwendige, sinnvolle Positionen innerhalb des gesellschaftlichen Kosmos. Es scheint paradox, wird aber bei näherem Zusehen verständlich, daß dies in einem Zeitalter anders wurde, das sich das aufgeklärte nannte. Erst mit der Überschätzung der Ratio begann die Verwechselung von Demenz und Delinquenz, die unterschiedslose Deportation von Verbrechern, Armen und Irren in jene Tollhäuser und Narrentürme, welche bis in ihre Panoptikum-Architektur hinein Gefängnisse waren. Dieselbe Zeit sah Armut und Verrücktheit als schuldhaftes Versagen, bildete Vorformen des Begriffs „moral insanity" und gab Worten wie „Narr", „Tropf", „Pinsel", „Grillenfänger" und „Verrückter" ihre bis heute geltende abwertend-moralisierende Bedeutung. Es gibt in *Kant*s „Anthropologie“ Passagen, welche diese Begriffe mit jener kühlen Leichtigkeit definieren, wie sie so nur einer Zeit möglich war, die den Menschen in einer fatalen Fassadengläubigkeit als *ens rationale* bestimmte.

Noch die geschlossene Sozietät des Hochbarocks sah Armut als ein *Schicksal,* über das man gleichgültig hinwegging, wenn jemand *in* ihr lebte, oder das als *faux pas* empfunden wurde, wenn man in sie geriet. Nach dieser Epoche aber konnte Armut nur mehr moralisierend genommen werden: ob als Resultat der Unterjochung des jeweils letzten Standes wie in den Revolutionsären, ob als Resultat göttlichen Unwillens wie in der kalvinistischen Wirtschaftsethik oder ob als Mangel an Leistungswillen wie in unserer Wettbewerbsgesellschaft, tut hier wenig. Die aufkommende Großbourgeoisie machte die Armut zu einer Art säkularisierter Immoralität. Als solche wurde sie dann auch erstmals literarisch geständnisfähig. *Kant* noch hatte seine ärmliche Herkunft in Rücksicht auf einen Takt, den die ständische Ordnung vorzeichnete, nur verhüllt umschreiben können. In *Rousseau*s „Bekenntnissen“ bricht sie als Thema durch, um dann im „Anton Reiser“ des *K. P. Moritz* – dem Herausgeber des ersten psychologischen Periodicals „Beiträge zur Erfahrungsseelenkunde“ – und im Lebensbericht *Laukhard*s zum Drehpunkt autobiographischer Analysen zu werden, welche den Status des letzten Standes so bitter und selbstentwertend reflektieren wie später die gesamte Pauperismus-Literatur kaum wieder.

Wie sich die viktorianische Zeit, des weiteren die Epochen des industriellen Kapitalismus, der sozialen Revolutionen, der Weltkriege und Massenbildungen, schließlich der Dekolonisation, der Atomspaltung und der Weltraum-Trance beiden Minoritäten der Verrückten und der Armen gegenüber benahmen, so auch wir.

Motive der Psychiatrie-Reform

In den USA hat der Gesetzgeber vor einigen Jahren auf die beiden sozialen Phänomene deutlich reagiert. Allein dies, daß der ermordete Präsident *Kennedy* 1963 Aufsehen erregende Gesetze zur psychiatrischen Versorgung der Bevölkerung erließ und daß Bildungsprogramme mit ausgesprochen sozialpolitischem, auf die unteren Gesellschaftsschichten zielenden Anstrich vor den Kongreß gebracht wurden, könnte auf Zusammenhänge beider Phänomene hinweisen. Beiden Legislativen war gemeinsam, daß sie Arme wie Verrückte aus ihrem Bemäkelungsschicksal heraus und in die Gesellschaft zurückholen wollten. *Kennedy* nannte unsere „kalte Unbarmherzigkeit“ gegenüber diesen Minoritäten eine „nationale Schande“. Die Sorge einer Kulturnation um ihre Visitenkarten vor den Entwicklungsländern bildete sicher auch ein Motiv dieser politischen Attitüden-Änderung.

Was wird reformiert in diesen Reformen des Umgangs der Gesellschaft mit psychisch Kranken, welche in nahezu allen Kulturstaaten, beim Nachzügler BRD in Gestalt der 1975 fertiggestellten „Psychiatrie-Enquête", ins Werk gesetzt wurden. Greifen wir erneut in die kaum mehr als hundertjährige Geschichte der Psychiatrie zurück. An ihrem Beginn steht die Kreation eines neuen Typs von Aussätzigkeit. In die abgelegenen Asyle und Siechenhäuser, die sich dank seuchenhygienischer Fortschritte eben leerten, deportierte die gerade den Kinderschuhen entwachsende, von der Leistungsnorm faszinierte Industriegesellschaft das Heer jener mittellosen Verrückten, Außenseiter und geistig Armen, welchen die Gesellschaft keine geschützten Nischen mehr bot. Dort wurde und wird ihnen bis heute eine pseudohumane Minimumversorgung serviert, über deren Armseligkeit wir uns gerne so lange hinwegtäuschen, bis wir einen nahestehenden Angehörigen aus Geldgründen nicht mehr in der nächsten privaten Nervenklinik, sondern in einem der staatlichen Großkrankenhäuser „unterbringen" müssen.

Man weiß heute – und mehr und mehr Psychiater finden den Mut, dies sich und der Gesellschaft einzugestehen –, daß verrücktes Verhalten, wie es uns in diesen Anstalten begegnet, zu zwei Dritteln von eben diesen Institutionen produziert wird. Aus Felduntersuchungen in psychiatrischen Krankenhäusern und aus Schilderungen von Beobachtern, die sich als Nicht-Patienten in sie einschleusen ließen, ergeben sich hinreichende Erfahrungen über die Monotonie und soziale Reizarmut solcher atherapeutischer Milieus. Man lernte das pseudopsychotische Hospitalismus-Syndrom von den originären Krankheitserscheinungen abgrenzen.

Freilich sind moderne Einrichtungen bekannt, in welchen die tradierten Prinzipien psychiatrischer Krankenhausorganisation (Dirigismus, passivierende Überwachung, unbezahlte sogenannte Arbeitstherapie als kaschierte Sklavenhaltung) überwunden wurden. Sie sind klein (200–300 Betten), liegen innerhalb der Wohn- und Arbeitsgebiete der Kranken, verfügen über ausreichendes, soziotherapeutisch geschultes Personal, bereiten die Patienten in betriebsnahen Rehabilitationseinrichtungen auf die Rückkehr in die Arbeitswelt vor, ziehen sie in kleinen, familienähnlichen therapeutischen Gruppen in eine gestufte Mitverantwortung am Stationsalltag hinein und wirken aktiv mit den Familien, den Praktikern und der Öffentlichkeit zusammen.

Psychiatrische Politik oder Politisierung der Psychiatrie

Gewiß sind die hier gemeinten Verrückten, wie man so gern sagt, „Defekte". Sie leiden mehr oder minder dauernd unter pathologischen Bereitschaften zu Mißtrauen, unter Angstspannung und Tendenzen zu einem deprimierten Rückzug aus der Welt unsresgleichen. Gewiß brauchen sie ein Leben lang ärztliche und öffentlich-fürsorgerische Hilfen, aber sie brauchen nicht die Dauer-Hospitalisierung. Erfahrungen aus fortschrittlichen Einrichtungen zeigen, daß mehr als die Hälfte dieser „chronischen" Fälle extramural geführt werden kann, wenn praktiziert würde, was man heute über eine optimale Verschränkung von Psychopharmakotherapie und Soziotherapie weiß. Dies zu verwirklichen, bedarf es keiner Forschung mehr, sondern eines Umdenkens der Psychiater über ihr eigenes Tun und der Öffentlichkeit über ihre Haltung zu dieser Population. Es bedarf dazu einer lebendigen psychiatrischen Gesundheitspolitik, welche die Zeichen der Zeit, das heißt die Schwerpunktverlagerung zur ambulanten Versorgung psychisch Kranker erkennt.

Psychiatrische Politik sollte nicht verwechselt werden mit einer Politisierung der Psychiatrie, die vor 25 Jahren zur Massenvernichtung sogenannter lebensunwerter Verrückter führte – vorwiegend der Armen unter ihnen übrigens, für welche niemand den Aufenthalt in einem Privatkrankenhaus bezahlen wollte – und die jetzt, harmloser ihr Haupt in der lebensfremden Forderung eines Kinderschutzbund-Präsidenten erhob, man solle die psychisch Kranken Deutschland – also eine halbe bis eine Million Mitbürger – in ein abgelegenes Alpental deportieren. Dabei ist heute ausreichend sicher, daß große Delinquenz etwa ebenso häufig von unsresgleichen wie von psychisch Kranken begangen wird. Psychiatrische Politik ist auch nicht gleichbedeutend mit einer Psychiatrisierung der Politik und des öffentlichen Lebens, die dem Psychiater das Charisma zutraut, internationale Konflikte zu beheben und die kranke Gesellschaft zu deneurotisieren.

Was haben solche Überlegungen überhaupt mit den Armen zu tun? Epidemiologische Erhebungen zeigen, daß ein psychisch Kranker ziemlich unabhängig von Art und Schweregrad seines Leidens umso eher und länger in ein Staatskrankenhaus eingewiesen zu werden eine Chance hat, je niedriger sein Sozialstatus ist. Anzahl und Schwere psychiatrischer Erkrankungen nehmen mit absteigender Sozialklasse zu. Je niedriger die Sozialschicht, umso schlechter und unsystematischer die Therapie, umso ärmer die Prognose. Daß die anthropologische Kategorie des Habens für die ebenso menschliche Möglichkeit des Sich-Verirrens nicht gleichgültig ist, ergibt sich auch aus schlichten Analysen der Habseligkeiten chronisch Verrückter in Anstalten: psychisch Kranke versammeln im Krankenhaus viel weniger persönliche Besitztümer um sich als körperlich Kranke, und je weniger sie haben, umso schlechter ist ihre Prognose. Nimmt man, ohne hier nach ihren Gründen zu fragen, eine weitere epidemiologisch gesicherte Tatsache hinzu: das signifikant häufigere Vorkommen psychischer Störungen bei der ärmeren Bevölkerung, zumal derjenigen der Stadtkerne und der Slum-Gebiete am Rande der Großstädte, so ergibt sich, wo eine psychiatrisch wache Gesundheitspolitik anzusetzen hätte. Bedenkt man weiter, daß die Armen in unserem Staat eine Minorität, aufs Ganze der Menschheit gesehen indessen achtzig Prozent ausmachen, und daß mit der Explosion der Weltbevölkerung in den nächsten 25 Jahren vor allem eine Zunahme der Armen erfolgt, so ist mit einer ebenso explosiven Zunahme an psychisch Kranken zu rechnen, und wir haben Behandlungstypen zu schaffen, welche diesen geistig Armen entsprechen.

Die Frage, ob Armut verrückt mache, kann hier nur gestellt werden. Sie ist psychiatrisch vorderhand nicht eindeutig zu beantworten. Vieles spricht dafür, daß manche Bedingungen der Armut sich mit Bedingungen des Verrücktwerdens überschneiden: Mangelernährung, Migrationen, umgekehrt starre Resistenz gegen soziale Mobilität, Familienzerrüttung, Wohnkonflikte, Waisenhausschicksale, gehemmte Aufstiegstendenzen usw. Der Arme ist sozialpsychologisch charakterisiert durch eingeschränkte Vorausplanung, Depressionsneigung, Tendenz zu Unfreundlichkeit, Mißtrauen und autoritäre Haltung. Er agiert Feindseligkeiten offen aus, zeigt eine geringe Toleranz für emotionelle Versagungen und ist stärker als Angehörige anderer Sozialklassen Minderwertigkeitsgefühlen ausgesetzt. Im ganzen zeigt er eine relative Schwäche seiner Ich-Organisation und Über-ich-Struktur *(Strotzka)*. Daß die entscheidenden Ursachen hierfür in den Erziehungstraditionen in Armutsfamilien liegen, kann als gesichert gelten. Solche Konstellationen machen aber zugleich auch für seelisches Kranksein anfällig.

Sprach-Barrieren

Eine entscheidende Analogie unserer Einstellung gegenüber den Verrückten und den Armen liegt darin: wir sprechen und verstehen nicht ihre Sprache. Insofern handeln und reden wir zumeist an ihren Problemen vorbei.

Angehörige der mittleren und oberen Sozialschicht wünschen in aller Regel nicht innerhalb oder in der Nähe eines Armenviertels zu wohnen. Unsre Kulturmuster sind von denjenigen der einfachen Schichten auch bei gemeinsamem Eisschrank und Fernsehantenne ebenso unterschieden wie das Bewußtsein des Mannes aus dem Industriestaat vom animistischen Bewußtsein des Mannes aus dem Busch. Wir praktizieren unsere Caritas über anonyme Organisationen und suchen über Betriebsmission und Arbeiterpriester etwas gekünstelt nach einer Begegnung mit dieser Population. Die sogenannten Ungelernten leben, wie Erhebungen an Jugendlichen ergaben, in einem Aktionsfeld ohne ausgespannte Zukunftsbezüge *(Bergius)*. Ihr Vokabular kreist um die Bewältigung des Jetzt und muß vom Mittelklässler eigens gelernt werden, was ohne Eintreten in ein gemeinsames Aktionsfeld meist mißlingt. Die moderne Gesellschaft hat zwar die Integration der Armen gesetzgeberisch vorbereitet. Ob und wie sie aber zu verwirklichen ist, bleibt u. a. auch ein Problem der Sprache. Dazu genügt es nicht, daß Studenten in ihren Ferien zu den Angehörigen einfacher Schichten gehen und deren Kinder mit Bildungspropaganda füttern.

Befremdung und Widerwillen, Angst und Ekel, die dann auftreten, wenn eine bestimmte leibliche Distanz zum Armen unterschritten wird, diktieren unsere Einstellung zum Verrückten nicht minder. Nur eine Minderheit Gesunder ist bereit, ihren Arbeitsplatz mit psychisch Kranken zu teilen; kaum jemand möchte ihn in die Wohngemeinschaft aufnehmen und erst recht niemand ihn als angeheirateten Verwandten haben. Diese Aversion sinkt auch nicht ab, wenn man via Fernsehen, Funk und Zeitung intensiv aufklärt.

Solche Begegnungsprobleme potenzieren sich, wenn der Verrückte zudem noch der unteren Sozialschicht angehört. Nach Umfragen in therapeutischen Institutionen erhält der Kranke dieser Klasse keine Psychotherapie, und zwar nicht nur deswegen nicht, weil er das Hundertmark-Honorar für die Sitzung nicht bezahlen kann oder nicht intelligent genug ist, sondern weil ihm solche Techniken, die auf dem Wert- und Sprach-System der Mittel-Klässler basieren, in seinen Anliegen nicht erreichen und seine Selbsteinsicht nicht erweitern. Der Unterklässler sieht seine psychiatrischen Probleme vorwiegend unter dem Gesichtspunkt körperlichen Leidens. Er begnügt sich lieber mit symptomatischen Entspannungsmaßnahmen und lehnt psychiatrische Hilfe gern ab, da er ihre Möglichkeiten nicht kennt und in die von uns vorgefertigten Kommunikationsformen nicht eintreten kann.

Ich folgere hier nichts für eine Therapie, die in einem umfassenden Sinne sozial sein müßte. Hier liegen noch kaum angegangene Aufgaben, was die Umbildung unseres therapeutischen Alltags in Richtung betriebsnaher Rehabilitation und konkreter Gruppenarbeit mit unbegüterten und ungebildeten Patienten angeht. Der Verrückte, zumal der arme Verrückte, stellt nicht allein durch seine Existenz, sondern vor allem durch seine schwer zu entziffernden Äußerungen, die wir erst allmählich als mitmenschliche Appelle zu entschlüsseln lernen, schwer zu bestehende ethische Forderungen. Insofern ist er soziales Ärgernis. Gleichgültig, ob man seine Welt soziologisch-deterministisch, theologisch oder wie immer nimmt: die Gesellschaft ist mit ihm durch einen untergründigen Zusammenhang von Schuld *(v. Baeyer)* verknüpft und in Weisen am Verrücktwie auch am Armwerden mitbeteiligt, die nur zu gern aus dem Bewußtsein der Öffentlichkeit verdrängt werden. Man weiß, daß sich eine solche Verdrängung mit Vorliebe der Projektion bedient: nicht *wir* sind die Verantwortlichen, sondern *er* selbst bewirkte sein Verirren. Er ist der

„Gemein"-Gefährliche, der ganz Andere, der uns bedroht, der Verfremdete, dem sich zu nähern und den einsehen zu wollen, Sache lebensfremder Toren, der Dichter oder (vulgärer) der Psychogenetiker mit seelsorgerischen Utopien ist.

Die traditionelle Psychopathologie, zumal die deutschsprachige, gipfelt im Axiom, der Verrückte sei unverständlich. Dies Axiom, in Lehrbüchern und Unterricht weitergepredigt, erscheint als Resultat derselben Angst und Gleichgültigkeit, die auch das vulgäre Verhältnis der Gesellschaft zur Verrücktheit diktieren. Verharrt der Psychiater mit diesem Axiom, das durch neuere psychotherapeutische Verstehenswege wo nicht überwunden so doch erheblich eingeschränkt wurde, in einem Pathos der Distanz, so bewahrt er sich die zweifelhafte Würde, ein Spezialist des Mitmenschen als des radikal „Anderen", ein „Alienist", zu sein, verfehlt zugleich aber die für psychotische Entäußerungen entscheidende kommunikative Dimension und damit sich selbst.

8. Das „schwache" Ich und die Familie

Die kontinentale Psychiatrie hat zwar seit längerem der Familienumgebung Schizophrener Aufmerksamkeit geschenkt, aber lange wurden solche Familienbefunde einem nosologischen Denken geopfert. Jedenfalls sind sie häufig unter dem Vorurteil einer hypothetischen Endogenität interpretiert worden. Wenn dies sich im letzten Jahrzehnt änderte, so verdanken wir dies Forschern, welche die Familienwelt dieser Kranken als eine nicht nur die Persönlichkeit, sondern auch die krankhaft aberrierende Persönlichkeit prägende Kraft ernst nahmen.

Der „Egopath", ein zunächst unproblematisches Kind

Hier kann ich nur unvollständige Schlaglichter auf das Thema werfen. Aus eigenen Untersuchungen an jugendlichen Schizophrenen und Neurotikern greife ich eine Gruppe von Kranken heraus, deren Pathogenese zu verstehen schwierig war[1]. Dieser Gruppe von Kranken – man findet in einem unausgelesenen Kollektiv jugendlicher Schizophrener wahrscheinlich etwa ein Drittel davon – gab ich einmal den Namen „Egopathen", ein nicht origineller Begriff, der allenfalls eine Verlegenheit an der kritischen Kreuzung zwischen individueller Entwicklung des Erkrankenden, seiner Familiendynamik und der nosologischen Klassifikation bezeichnet.

Um es vorweg zu sagen: die psychologische Entwicklung dieser Egopathen hat eine oberflächliche Ähnlichkeit mit derjenigen charakteropathischer Persönlichkeitsstörungen, ihre Familien-Charakteristik überschneidet sich mit derjenigen von Schizophrenen anderer klinischer Typik und diese klinische Typik ist diejenige einer Hebephrenie oder Dementia simplex.

Psychosoziologie der Entwicklungsetappen und psychiatrische Familienforschung halfen sich in letzter Zeit wechselseitig weiter. Suchen wir nach Begriffen, um theoretisch zu verstehen, daß bei unseren Kranken gerade diejenigen Haltungen unausgebildet oder defekt bleiben, deren Konstitution ein balanciertes innerfamiliäres Rollen- und Identifikationsgefüge voraussetzt, so studieren wir *T. Parsons, E. H. Homburger* oder ähnliche Geister. Umgekehrt sind aus den defizitären Familienbefunden bei unseren Kranken – das zeigte vor allem *T. Lidz* für die psychoanalytische Entwicklungstheorie – neue Einblicke in die famili-

---

[1] Diese Untersuchungen wurden gemeinsam mit Frau Prof. Dr. *Süllwold-Strötzel* durchgeführt.

ären Einschläge der Identifikationsdynamik überhaupt gewonnen worden. Familie gilt nicht mehr nur als Instanz, welche durch Versagung zur Verdrängung aggressiver Impulse der Kinder beiträgt und auf diese Weise die Überich-Bildung fördert. Ob und wie die oedipale Situation bewältigt wird, hängt auch von der jeweiligen Geschichte des familiären Rollengefüges ab, nicht nur von der anonymen Prähistorie einer Libido-Fixierung auf voroedipalen Entwicklungsstufen. Situationen, in welchen nicht die Mutter, sondern der Vater oder ein älteres Geschwister wesentliche Identifikationspartner sind, Interferenzen zwischen den Identifikationsnetzen der Familie auf der einen Seite und der sozialen Einbettung auf der anderen Seite wurden durchreflektiert, und die psychiatrische Familienforschung hat daraus gelernt.

Wenn etwa unter den Eltern die Väter im Umgang mit ihren Kindern die von den eigenen Vätern erlernten Haltungen weniger stark vermeiden als die Mütter die Haltungen ihrer Mütter, so hängen solche Differenzen sicher nicht so sehr mit dem Triebschicksal der Familie zusammen als mit Besonderheiten der Erwartungstradition der Gesellschaft an väterliches oder mütterliches Verhalten. Die Geschlechtsunterschiede der Konfliktprofile bei jugendlichen Schizophrenen und ihren Geschwistern haben weitere Einsichten gebracht. Man muß sich an den Gedanken gewöhnen, daß Familieneffekte im Entwicklungsverlauf junger Menschen und unserer Patienten gegenüber extrafamiliären Sozialeffekten immer mehr zurücktreten werden. Die Prägungen des Kindergartens, die Prestigedynamik der Schule und des Adoleszenten-Clans haben ihre eigene Geschichte, und das bedingt notwendige Inkongruenzen, wenn wir die individuelle Biographie und ihre außerfamiliären sozialen Verflechtungen zur Deckung bringen wollen mit der Familien-Konstellation.

Wir untersuchten die Individualentwicklung und Familienpathologie bei 27 jugendlichen Schizophrenen und kombinierten dabei klinische und familientherapeutische, gruppentherapeutische und psychotherapeutische Erfahrungen. Blickt man auf die individuelle Entwicklung dieser Patienten, so hatten nur drei von ihnen einen normalen Entwicklungsverlauf, während acht vor der Psychose eine klassische neurotische Fehlhaltung zeigten[1] und die restlichen sechzehn eine in früher Kindheit erkennbare, stabil die Gesamtentwicklung durchziehende Ich-Defizienz eigener Art (und zwar neun Fälle in reiner Form, sieben Fälle in Verbindung mit neurotischer Fehlhaltung). Ich möchte hier nicht auf die drei Patienten mit einer normalen präpsychotischen Entwicklung eingehen, auch nicht auf die Patienten mit einer typischen neurotischen Problematik vor Beginn der Psychose, obwohl dies ein interessanter Diskussionspunkt werden könnte, da viele psychiatrische Familienforscher

---

[1] Der Patient Franz, der im 3. Kapitel (S. 15) geschildert wurde, gehört zu dieser Gruppe.

die Ansicht vertreten, es gebe im entwicklungspsychologischen Vorfeld Schizophrener keine Norm-Entwicklung oder typische neurotische Fehlhaltungen. Es ist mir hier wichtiger, die psychologische Entwicklung der neun egopathischen Kernfälle knapp zu skizzieren. Für den Familienforscher sind sie deswegen besonders interessant, weil sich bei ihnen eine Verdichtung jener Familienpathologie findet, die wir heute als charakteristisch für Schizophrene ansehen. Ich meine die von *Lidz* beschriebenen, chronisch deformierten Familienlagen mit wechselseitigen Kommunikationsverdrehungen der Mitglieder, mit starr abwertenden Außenfassaden gegen die extrafamiliäre Umgebung, abwegigen ideologischen Indoktrinierungen usw. (s. auch S. 79 f.).

Ein Weg, schizophren zu werden

Diese Egopathen zeigen schon im Säuglingsalter eine geringere mimische, motorische und soziale Aktivität. Das Tempo ihrer Entwicklungsetappen ist unverändert, und darin unterscheiden sie sich von cerebral geschädigten Kindern oder von frühkindlichen Autisten. Sie zeigen zwar bereits in früher Kindheit ein ausgeprägtes Reinlichkeitsbedürfnis und werden früh sauber, enttäuschen aber oft die Eltern im Vergleich zu ihren Geschwistern durch einen Mangel an Spontaneität und Reagibilität. Hier bereits setzt ein erster emotioneller Kreisprozeß ein, in welchem kaschierte emotionelle Ablehnung des Kindes durch die Eltern der Gratifikationskargheit des Verhaltens des Kindes entspricht. Die Erziehung nimmt dadurch bald dominierende Züge an, und ihr entspricht dann die Übergefügigkeit des Kleinkindes. Bei keinem dieser Kinder war eine markante Trotzphase zu finden. Wenn sie diese erste Erfahrung des Umgehens mit einem Widerstand umgehen, wenn sie also Ich und Nicht-Ich nicht klar voneinander abgrenzen lernen und in einer kleinkindhaften, symbiotischen Anklammerung an die Mutter oder an ein Geschwister verharren, so ist das ein frühes Signum pathologischer Ich-Entwicklung. Diese Kinder scheuen auch später einen lebendigen Wettbewerb mit anderen Kindern, halten sich eher an Erwachsene, bleiben im Spiel narzißtisch, phantasiearm und monoton. Sie wirken auf die Umgebung als Drei- bis Vierjährige unkindlich ernst, verträumt, passiv gedrückt und unfrei. Im Übergang zum Schulalter können passagere neurotische Symptome auftauchen (Enuresis, nächtlicher Pavor, phobische Ängste). Realen Gefahren gegenüber bleiben diese Kinder oft merkwürdig angstlos. Solch abwegige Realitätseinschätzung steigert sich in den folgenden Jahren allmählich zu einer Entfremdung der Wirklichkeit mit pubertären Depersonalisationserscheinungen. In den Gruppenkontakten des Schulalters sind diese Kinder of leidende, passive Mitläufer, von Unterlegenheitsgefühlen angesichts überzogener Leistungserwartungen der Familie erfüllt. In der Einzelleistung sind sie besser als in der Gruppenleistung. In der Pubertät fehlt der aktive Protest und eine dynamische Ablösung vom Elternhaus. Der Protest wird kaschiert, die innere Abgeschlossenheit wächst, der eigene Leib wird besetzt mit quälenden Reflexionen über Inferiorität. Die Sexualität bricht entweder triebhaft-unintegriert durch oder bleibt ein indifferentes, von diesen Prae-Patienten nicht beachtetes Erlebnis. Nicht selten kommt es jetzt zu einer pathologischen Identitätsdiffusion i. S. *Eriksons*. Starr eingehaltene, phantastische Alternativen werden herausgebildet: entweder wird man Hilfsarbeiter oder Akademiker, Mönch oder Kommunist. Der junge Mensch verfängt sich zunehmend in der Dialektik abstrakter Klischés. Dabei bedrängt den von asthenischen Leistungsschwierigkeiten Beeinträchtigten quälender Ehrgeiz. Die Beziehung zu den Angehörigen wird ständig ambivalenter, erfährt aber keine konflikthafte, befreiende Auflösung. Die Adoleszenz bringt nicht jene Interessenweitung und das Experimentieren mit Möglichkeiten, wie es dies Alter sonst kennzeichnet. Verstiegene Idealbildungen, irreale erotische Sehnsüchte bei Angst vor konkreten mitmenschlichen Begegnungen stehen im Vordergrund. Vor der Psychose kommt es zuletzt zu einer konfliktvermeidenden restriktiv-sensitiven Charakterabwehr, die sich immer stärker mit magisch-irrealen Ängsten durchsetzt.

Beim Überblick einer zehnjährigen Krankheitsgeschichte dieser Egopathen nach dem Beginn ihrer Psychose war zu finden, daß alle in eine chronische Verlaufsform der Schizophrenie, zumal in einen Lebensstil hebephrenen Gepräges, hineingeraten sind. Es würde interessant sein zu analysieren, wie sich in diesen Fällen die beginnende Psychose mit der egopathischen Abwehrstruktur verzahnt. Ich kann hier nicht darauf eingehen und bemerke lediglich, daß es sich dabei zumeist um einen undramatischen Abwandlungsvorgang im Sinne *Häfner*s gehandelt hat. Die Psychose war letzte Radikalisierung der lange voranlaufenden abwegigen Haltung.

Diese Gruppe später schizophren Erkrankender ist durch eine basale Schwäche der Ich-Konstitution charakterisiert. Sie zeigt sich im Ausfall der Trotzphase, in der Unfähigkeit zur Entfaltung altersspezifischer Konfliktdynamik, später im Mißlingen der Ablösung von den Beziehungsfiguren, in Depersonalisationsbereitschaft und Unsicherheit über die eigene Geschlechtsrolle, zuletzt in starrer autistisch-sensitiver Charakterabwehr. Das stellt vor die Frage, ob diese Egopathen mit vorgegebenen psychologischen oder neurobiologischen Mangelverfassungen laborieren. Heute läßt sich das noch nicht klar nach der einen oder anderen Richtung hin entscheiden. Wahrscheinlich liegt hier auch keine Alternative, wenn eines Tages mehr über psycho-somatische Wechselbeziehung in der frühren Kindheit bekannt sein wird. Man kann jedenfalls mit der Möglichkeit rechnen, daß frühe Einbußen in den intersubjektiven Beziehungsmustern neurophysiologische Abnormitäten bewirken können, die ihrerseits wieder prototaktisches und parataktisches Verhalten fördern.

Arbeit mit der Familie

Solche Überlegungen lenken unmittelbar zur Familienarbeit mit Schizophrenen. Vielleicht stellt die Zukunft hier Aufgaben, die der Kliniker nicht mehr bewältigen kann, sondern der psychiatrische Familienberater, soweit es um primäre Praevention geht. Wir werden wahrscheinlich immer erst nach der Katastrophe gerufen. Aus egopathischen oder ähnlichen Strukturen der Kinder scheinen sich die deletären Kernverläufe der späteren Hebephrenien zu rekrutieren. Vernünftige Praevention wird umso eher möglich sein, je genauer man solche aberrierenden praepsychotischen Strukturen studiert, je weniger man sich mit den üblichen konstitutionalistischen Typologien des Praepsychotischen (Schizoid usw.) begnügt. Blickt man indessen auf die gegenwärtig anstehenden sozial-psychiatrischen Aufgaben, so ist das Zukunftmusik.

Schizophrenwerden ist mit Neurotischwerden nicht ohne weiteres vergleichbar und auch therapeutisch nicht mit denselben Mitteln anzugehen. Egopathien sind stabile psychosoziale Abwehrmuster, die den Psychotherapeuten, der sein Tun nach dem üblichen psychodynamischen Konfliktmodell versteht, zumeist in die Knie zwingen.

Rekapitulieren wir ehrlich unsere Erfahrungen mit der Psychotherapie chronisch Schizophrener – und man überblickt jetzt eine intensive dreißigjährige Bemühung vieler Therapeuten in diesem unwegsamen Terrain –, so ist einzuräumen, daß der theoretische Ertrag dieser Arbeit den praktisch-sozialen überwiegt. Seit einigen Jahren dringt allenthalben Soziotherapie vor, und diese ist stärker „pädagogisch" als psychotherapeutisch orientiert. Egopathische Strukturen sind trotz unterschiedlicher Familiendynamik darin den Charakteropathien, vielleicht sogar den Oligophrenien vergleichbar, daß sie nur durch langfristige sozio-therapeutische Rehabilitationsprogramme zu beeinflussen sind, welche das Alltagsverhalten systematisch verändern und gelöstere Kontaktformen bei diesen Menschen trainieren. Erst wenn diese systematische mitmenschliche „Gymnastik" einem eingespielten Reha-Team selbstverständlich geworden ist, wird man, wenn Erfahrung und Zeit gegeben sind, *auch* psychotherapeutisch an der Familiendynamik arbeiten können. Und dies nicht so sehr in „therapeutischer" Zielrichtung auf den Erkrankten als in der Richtung der Stützung und Einstellungskorrektur bei seinen Angehörigen. Natürlich sind Erfahrungen in der Dynamik des Unbewußten dabei wichtig. Aber sie können nur mittelbar wirksam werden, in der Art und

Weise nämlich, wie ein soziotherapeutisches Team Einsicht in eigene, die Therapie fördernde oder hemmende Motivhintergründe gewinnt.

Hat das therapeutische Team genügend Einblick in die emotiven Texturen, die den Patienten mit seiner Familie verbinden, so ist es besser, diese in Familienberatungen nicht deutend auszusprechen, sondern indirekte Änderungswege zu gehen (Wohnwechsel des Patienten, Arbeit an seinen Ausbildungs- und Berufsmöglichkeiten, Anschluß der Angehörigen an neue Gruppen und Aufgaben usw.). Dabei kann es dann durchaus einmal erforderlich und möglich werden, den bisher als Patienten nicht erkannten, aber ebenso pathologischen Angehörigen dazu zu bringen, sich als Patient anzuerkennen.

Um die Arbeit mit chronischen Schizophrenen und ihren Familienangehörigen theoretisch zu begründen, braucht man heute ein Konzert von Modellen. Das psychodynamische Modell hat in diesem Konzert seinen Platz, aber kein Privileg vor der Lerntheorie, der Kommunikationstheorie und einer noch nicht entwickelten Theorie der psychiatrischen Alltagspraxis; und der Psychiater hat in der soziotherapeutischen Praxis – anders als in der klinischen Therapie der Psychosen – kein Privileg vor Psychologen, Pädagogen und anderen therapeutischen Agenten im berufsübergreifenden Team.

9. Familie und seelische Behinderung

Die psychiatrische Tradition meint, daß es hier den seelisch Behinderten, dort seine Familie und schließlich als Drittes ein Manko an seelischer Gesundheit oder an sozialer Anpassung gebe. Dies sei – zumal im Falle der Psychosen – ein die Familie zwar tief betreffendes, sie aber als anonymes „Schicksal" schlagendes Ereignis, welches nun (sei es als Sucht, als „Psychopathie", Neurose, als Depression oder Schizophrenie) erblich, durch Hirnschäden, durch intraindividuelle Konflikte einzelner Familienmitglieder bewirkt werde und insofern allenfalls zu ertragen, zu dulden, zu bemänteln, zu beschönigen, zu verleugnen sei. Dies Vorstellungsschema beläßt die Familie in einer reaktiven Funktion: sie verarbeitet eine von ihr nicht zu vertretende Abwegigkeit eines Mitglieds, leidet unter den Folgen dieses ruinösen Ereignisses, versagt oder erstarkt an solchen Erfahrungen usw.

Aktualisiert man das Thema, ist es umzuformulieren: seelische Behinderung als Verdichtungszone abgewandelter Familienfunktionen. Dem liegt die Hypothese voran, daß seelische Gesundheit ihrer Mitglieder bei der Familie ein Minimum solidarisch bewältigter Aufgaben voraussetzen, und dies in ihren beiden Achsen: Generation und Geschlecht. Wird ein solches Minimum unterschritten, kommt es zu Familien-Pathologie, und diese kann sich u. a. in der Form psychiatrischer Störungen bei einem oder mehreren Familienmitgliedern zeigen. Diese Pathologie muß also keine psychiatrische sein. Das familiäre Ungleichgewicht kann sich auch in einer Neigung von Familienmitgliedern zu andersartigem sozialen Abweichen äußern (Zugehörigkeit zu dokrinären Kasten, Delinquenz u. a.). In ihr häufen sich abwegige Basispersönlichkeiten, die an den produktiven Wandlungen der Sozietät keinen Anteil haben.

Die Familie ist ihrerseits nichts letztes, auch ihre Pathologie bleibt bezogen auf die Rollenerwartungen der jeweiligen Gesellschaft. Übt, honoriert und normiert etwa eine Gesellschaft den Liebesentzug in früher Kindheit oder lange Abwesenheiten der Mutter (wie man dies bei Naturvölkern oder im progressiven isrealischen Erziehungssystem finden kann), so trainiert das möglicherweise Basispersönlichkeiten mit hoher anaklitischer Toleranz, d. h. mit einer relativ großen Bereitschaft, Trennungserfahrungen zu verarbeiten. Es leuchtet ein, daß dies zugleich auch das Spektrum der Ich-Konflikte und möglicher Familien-Pathologie verschiebt. Ein Angebot an Liebeszuwendung, das uns erträglich, ja notwendig und insofern „normal" erscheint, mag solchen Menschen schon Übersättigung bedeuten und Motive zur Vermeidung, vielleicht zum pathologischen Rückzug vor emotionellen Überflutungen stiften.

Der Familie und ihrem Zusammenhang mit seelischer Gesundheit und Krankheit sind die anthropologischen Wissenschaften nur mühsam nahegekommen. Lange Zeit sah man in der Familie kaum mehr als ein Vehikel für die biologische Transmission seelischer Störungen. Familienbefunde und Zwillings-Erhebungen wurden und werden häufig unter einem „Degenerations"-Vorurteil interpretiert. Die klassische Psychoanalyse stülpte dieses Denkschema nur um, indem sie die Familie zur Schiene einer anonymen Trieb-Konstellation begradigte. Erst seit der Sozialschule der Psychoanalyse und einer empirisch vorgehenden Entwicklungs-Psychopathologie hat man die psycho-soziale Eigenmacht familiärer Identitätsnetze näher kennengelernt und den Prozeß der familiären Transmission der Geschlechtsrolle, des Denkstils und ganzer Kommunikationsstrategien kasuistisch, statistisch und experimentell verfolgt.

Im folgenden werden (in Anlehnung an *Stephen Fleck*) fünf basale Familienvollzüge und ihre Pathologie erörtert: Eltern-Koalition, Nähren, Akkulturation der Kinder, Ablösung von der Familie, Bewältigung von Krisen.

1) Die *Eltern-Koalition* beruht auf einem Interaktionsmuster, in welchem die Ehepartner wechselseitige Bedürfnisse und Befriedigungen ins Spiel bringen und sich gegenseitig akzeptable Rollen, zumal komplementäre Geschlechtsrollen, zuweisen. Solche Rollen (der Vater als „Instrumentalist", die Mutter als Stifterin von „Atmosphäre") müssen elastisch genug sein, um bei Notlagen und wechselnden Bedürfnissen der Partner gewandelt oder gar zeitweilig ausgetauscht zu werden. Zugleich müssen sie so klar bestimmt sein, daß das Kind sie erfassen, unterscheiden und übernehmen lernt. Weicht elterliches Verhalten von solch sozio-familiären Normen ab, so kommt es zu pathogenen Koalitionen. Der Musterfall der „Psychopathie" bildet die bestdokumentierte Form eines innerfamiliären Lernens abnormer dissozialer Verhaltensweisen. Junge Psychopathen agieren oft eine Koalitionskrise ihrer Eltern, die bei diesen selbst kaum zu offenen Fehlhaltungen führen muß.

Einer chronischen Koalitionskrise der Eltern begegnet man häufig bei jugendlichen Schizophrenen. Die hier anzutreffenden „schismatischen Familien" sind dadurch gekennzeichnet, daß die Eltern einander entwerten und die Kinder damit zu belastenden Parteinahmen zwingen. Dem Kind wird damit die Möglichkeit versagt, sich mit dem gleichgeschlechtlichen Elternteil zu identifizieren und am anderen Elternteil ein Modell für künftige Liebespartner zu haben. Die Kinder werden auf den Kampf mit einem Elternteil und auf Verschwörung mit dem anderen festgelegt und entwickeln zu letzterem starre symbiotische Abhängigkeiten. In ihrer Geschlechtsrolle gewinnen sie keine klare Identität, verharren folglich in homoerotisch-inzestuösen Haltungen und können keine gesunde Emanzipation leisten. Diese Störung berührt also beide Achsen der Familiendynamik: diejenige der Generation und diejenige des Geschlechts. Daraus erklärt sich u. a., daß geschlechtsgleiche Geschwister von Psychotikern stärker gestört sind als gegengeschlechtliche Geschwister. Ein Sonderfall des Familienschismas liegt vor, wenn die Kinder mit ihren Eltern zwar geographisch den Lebensbereich einer Kernfamilie bilden, wenn dabei aber die Eltern psychologisch wiederum an ihre jeweiligen Eltern attachiert geblieben sind. Übermäßige Bindung an die Sippe kann dazu führen, daß entscheidende elterliche Aufgaben versäumt werden.

Eine weitere Fehlform der Familien-Koalition wird von der „schiefen Familie" gebildet. In ihr unterwirft sich ein relativ ungestörter, aber passiver Ehepartner zu Hause der irrealen Dominanz des anderen, wahrt dabei aber nach außen hin die Realitätsprüfung für die Familie. In diesem Gefüge verwirklicht jeder Ehepartner jeweils zwei komplementäre Haltungen. Diese Familiendynamik prägt sich häufig bei Schizophrenen aus. Leichtere Formen lassen sich unter den Titel „neurotische Ehe" bringen und sind bei Alkoholikern nicht selten. Solche Familien blockieren wesentliche soziale Trainingsleistungen.

Die Koalitionskrise kann in Trennung oder Scheidung der Eltern einmünden. Solche und ähnliche Familienzusammenbrüche werden bei Schizophrenen und Soziopathen häufiger als bei Neurotikern oder in der Durchschnittsbevölkerung gefunden.

2) Das *Nähren,* eine zumeist von der Mutter getragene familiäre Funktion, stiftet basales mitmenschliches Vertrauen, Sicherheit im eigenen Leib. Es ermöglicht das Erlernen und Aussprechen des Unterschiedes innerer und äußerer Erfahrungen, letztlich die klare Sonderung von Ich und Nicht-Ich. In dieser Sphäre elementaren Umsorgtseins wird geübt, Versagungen und Trennungsängste zu bestehen, und zwar von allen Beteiligten. Leibliches Abschirmen und Umsorgen fundiert das Erleben familiärer Solidarität. Dieser Vorgang ist durch abwesende oder eifersüchtige Väter nicht minder störbar als durch ängstliche, zwanghafte Mütter. Überforderte Eltern mit vielköpfigen Familien, Kinder mit Randpositionen in der Geschwisterreihe oder einem oralen Überangebot entwickeln seelische Behinderungen, zumal psychosomatische Störungen, die durch diese familiäre Dysfunktion mitverursacht sind.

3) In der oedipalen Epoche wird der Akzent vom leiblichen Umsorgen auf die *Akkulturation* umgelegt. Zu dieser Zeit sollten die Beziehungen der Eltern zu den Kindern (und umgekehrt) enterotisiert sein. Die Epoche der Latenz ermöglicht dann ein instrumentelles Lernen, zumal in den sekundären Gruppenbildungen dieser Altersstufe. Die Familie fungiert jetzt als Trainingsstätte für die Einübung der kulturellen Normen. Sie prägt in exemplarischen Alltagssituationen die Weisen des Begegnens, die Denkstrategien und den Überblick über soziale Kompetenzen.

Ein Entgleisen dieser Familienleistung kann unterschiedliche Formen annehmen. Unrealistische Rollenerwartungen der Eltern an ihre Kinder verknüpfen sich häufig mit dissozialen oder hebephrenen Entwicklungen. Ein Versagen in solidarischer Trauerarbeit bei Verlusten von Familienmitgliedern führt zu depressiven Syndromen, zumal in modernen Kleinfamilien, die den Kindern selten mehr Gelegenheit gibt, häusliches Sterben zu erfahren. Unterscheiden sich die familiären Interaktionen und Werte stark von denjenigen der umgebenden Sozietät, so erlernen die Kinder ungeeignete Formen der Wirklichkeitsbewältigung bis hin zu neurotischen oder psychotischen Verhaltensmustern. Es gibt „chaotische Familien", die keine brauchbaren Identitätsfiguren zur Verfügung stellen und überwiegend paralogische Denkformen vermitteln, auf der anderen Seite rigide Familien, welche die Interaktionen ihrer Mitglieder stark limitieren und den später Erkrankenden zuvor nur mehr als Teil eines Elternteils zugelassen hatten. Solche und andere schwer gestörte Familienformen finden sich überwiegend bei Schizophrenen, kaum bei Neurotikern. In solchen Familien kann eine Pseudo-Wechselseitigkeit die Kommunikation völlig verdrehen und bei den Kindern zu autistischem Rückzug, zur Logik der doppelten Buchführung veranlassen. Die Atmosphäre solcher Familien ist mit Irrealität imprägniert. Jede Generation kopiert sie neu und bildet sie fort – ein Fluch, der sich (nicht chromosomal, sondern sozial) fortzeugt.

4) Die familiäre Leistung der *Ablösung,* der gestuften Emanzipation des Kindes beginnt mit dem Abstillen und ist mit dem sozialen Selbstwerden der Reifezeit noch nicht abgeschlossen. Dieser Vorgang wird zu häufig als ein quasi-organismisches Wachsen und Ent-wachsen gesehen, das Sich-lösen des Pubertierenden gar als „Instinktwandel" in Analogie zum Nestflüchtler gebracht. Dabei wird die Belastungsprobe übersehen, welche jeder Ablösungsschritt auch für die Elternkoalition bedeutet, die sich jetzt wieder dyadisch einrichten muß, da das System der Kernfamilie kaum mehr einen fließenden Übergang von der Eltern- in die Großeltern-Rolle gestattet. Die Verzahnung psychischer Krisen jeder Art (von der Adoleszentenkrise und dem schizophrenen Reifungsabbruch beim Kind bis zu mancherlei Verlustdepressionen bei den Eltern) mit solchen familiären Emanzipationskonflikten ist so einleuchtend, daß hier am ehesten überzeugt, wie individuelle Pathologie mit Familienpathologie sich überschneidet.

5) Nicht *Krisen* zu vermeiden, sie vielmehr zu bestehen, bezeichnet eine weitere familiäre Leistung. Eine typische Krisenlage ist etwa die Geburt des ersten Kindes mit dem Übergang von der familiären Dyade in die Familien-Trias. Dabei kann ein Elternteil vom anderen völlig abhängig bleiben und mit dem Kind um dessen Zuwendung rivalisieren. Oder es mißlingt die Desexualisierung der Beziehung zum Kind. Oder es

geschieht, daß die Eltern dem Adoleszenten gegenüber keine konsistente solidarische Front entwickeln, an welcher er Widerstand und damit sich selbst erfährt. Oder es wird ein Kind überprotektiv verschlungen und in Entscheidungsschwäche und Icharmut gebannt.

Die familiäre Lebenswelt ist also nicht nur anonym-biogenetische Ursprungswelt, sondern ebensosehr soziale Empfangswelt. Bei zwei Dritteln der Psychotiker (bei Neurotikern schon *ex definitione*) sehen wir diese Welt pathologisch deformiert, und zwar in beiden Grundkoordinaten der Generations- und Geschlechts-Grenzen. Das erkrankende Geschwister hat im Verhältnis zu den andern Geschwistern in der Regel zum geschlechtsgleichen Elternteil die dürftigsten Beziehungen, und unter den Geschwistern zeigen, wie gesagt, die geschlechtsgleichen die größere Gestörtheit. Fehlt das stabilisierende Identitätsmodell, so kommt keine feste Ich-Struktur zustande. Das Kind wendet sich dann dem gleichgeschlechtlichen Elternteil zu, das sich nun seinerseits zu ihm verführend oder verschlingend verhalten kann, um so seine eigene Identitätslabilität auszugleichen.

Man gelangt damit zum Begriff der „Familien-Homoeostase". Nicht von ungefähr wurde er in der psychiatrischen Familienforschung entwickelt. Dies „Verrücktheitsgleichgewicht" besagt, daß ein Mitglied der Familie als „krank", „unerträglich„ und d. h. als „verrückt" bestimmt wird und daß damit zugleich ein anderes Mitglied oder die Restfamilie den Schein der Norm und Nicht-Verrücktheit wahren können. Es braucht oft langjährige komplizierte Rollen-Arbeit, bis eine Familie einen Angehörigen zum psychiatrischen Fall „organisiert" hat. Die Konsultation des Psychiaters ist dann nur letzte Konsequenz dieses „Organisierens".

Familientherapie und Familiendiagnostik sind heute ebenso aktuell und notwendig wie aufwendig und mühsam. Hier ist durchdachte Zusammenarbeit zwischen Psychiater, Psychologen, Sozialarbeiter u. a. vonnöten. Sie stehen vor der delikaten Aufgabe, die Familie von inadäquaten Schuldgefühlen gegenüber dem Erkrankten zu entlasten, sie konkret zu stützen und zugleich Motive zur Wandlung der familiären Lern-Welt einzubringen. Kein psychiatrischer Besuchstag ohne Familiengruppe, kein Patientenclub ohne mitbeteiligte Angehörige. Erst dann wird erfahren, wer in der Familie der Hilfsbedürftigste ist. Für die Familie ist es oft wichtiger, diesen Angehörigen dazu zu bringen, Beratung anzunehmen, als sich ausschließlich auf den zum psychiatrischen Patienten bereits organisierte Angehörigen einzustellen.

Als Familienmitglied ist der seelisch Behinderte zuweilen das Opfer, in jedem Fall der Partner einer irreal orientierten, an den allgemeinen Lebensnormen vorbeilebenden und insofern pathologischen familiären Wir-Welt. Die Familie wird aus ihrem Wirkzusammenhang zum Behinderten nie entlassen. Sie bleibt innerhalb der Dynamik einer konsequenten Heimsuchung: hält sie den Patienten bei sich, so tut dieser in die Verrücktheit Umgestülpte nichts lieber als die geheimen Schwächen der Familie bloßzulegen. Deportiert sie ihn, bleibt er ihr Quelle schwer zu erledigender Schuldgefühle.

10. Leib im Terror

„Unsere künftigen Tage werden nur noch vom Dunste der Schlachthäuser erfüllt sein . . .“
J. Cayrol: „Lazarus unter uns“.

„Daß kein einziger ruhiger Tag sein kann. Die Nerven sind schon ganz erschöpft, wenn ich was von einem Unglück höre, dann treten mir die Augen aus den Höhlen und der Kopf tut mir so weh, weil ich so müde bin, wie nach der schwersten Arbeit.“ Dies schrieb der dreizehnjährige jüdische Junge David in sein Schulheft, nach zwei Jahren der Peinigung im Ghetto des polnischen Heimatortes und wenige Monate vor seiner Vergasung im Lager Treblinka II, September 1942. Die unbeholfenen Eintragungen des später aufgefundenen Tagebuches spiegeln das unverständlich grausame Treiben um Familie und Dorf und die Bodenlosigkeit der eigenen Lage. Darin mischen sich Niederschläge der angstgeladenen Gespräche der Angehörigen Davids mit seiner dunklen Ahnung vom Verfall dessen, was bisher sein Leben trug.

Wenn es stimmt, daß der Leib für unsere Existenz tragende Struktur ist, dann sollten sich aus der Leiblichkeit und ihren Wandlungen keine schlechteren Einblicke in den Gang des Menschlichen ergeben als aus den seelisch-geistig genannten Regionen. Die Fruchtbarkeit dieser von *Lugwig Klages* und *Max Scheler* eröffneten, durch *Edmund Husserl* phänomenologisch begründeten Sicht bedarf keines Erweises mehr. *Jürg Zutt* rückte sie in die Mitte seiner „verstehenden Anthropologie“ und damit ins Fundament des psychiatrischen Denkens. Im gewollten Tun, im Mitsein, im durchschrittenen Lebensweg erscheinend und das unwillkürliche Werden tragend, ist der die Welt erschließende, „welthafte“ Leib wesentliche Struktur jeder menschlichen Situation, dabei vielfach unreflektiert geblieben in den Wissenschaften vom Menschen. Person und Welt, Ich und der Andere, Ich und mein Körper – diese in der schlichten Erfahrung einheitlichen, wissenschaftlich aber oft dual analysierten Sachverhalte – sieht *Zutt* gewissermaßen geeinigt im Fundament der Leiblichkeit. Auch psychiatrische Verfassungen können als Modifikationen gelebter Leiblichkeit gesehen werden: etwa als strukturelle Schwäche des Standes i. S. des erscheinenden Sich-behauptens und Geltens (wie bei selbstunsicheren oder sensitiven Persönlichkeiten), als Abirrung des Lebensweges in die Lage der Ausweglosigkeit (wie bei Wahnkrisen), als Versiegen des Strömens im affektiv-vegetativen Lebensbereich (wie bei Depressionen), als Schwund des schwebenden Reflektierens auf das gelebte Leben (wie bei der Demenz) usw.

Hier untersuche ich Abwandlungen der Leiblichkeit in einer Welt der Vernichtung, der totalen Entbergung und des Zerbrechens jener „Werte“, die bisher den Stand, das Schreiten, das Vertrauen, überhaupt das Erscheinen in der Welt und jegliche Getragenheit durch sie sicherten. Diese Situation wurde gelebt in den Martyrien jener Verfolgten, dic unter dem Nazi-Regime in Ghettos, Zwangsarbeits- und Vernichtungslagern, in Verstecken und auf der gehetzten Flucht mit der brutalen Physiognomie eines Terrors konfrontiert wurden, der zwar immer schon realisiert wurde, weiterhin realisiert und künftig möglich bleibt, in seiner 1933 bis 1945 praktizierten kalten Systematik aber beispiellos ist.

Meine Erfahrungen verdanken sich Gesprächen mit mehr als dreihundert Überlebenden: Patienten, Klienten der Begutachtung, Menschen aus meinem persönlichen Lebensumkreis. An ihnen erfuhr ich, daß der brutale Einbruch der Verfolgung zunächst und zuerst das präreflektive gelebte Leben und in ihm den tragenden und erscheinenden Leib traf. Gehäuft sieht man bei diesen Menschen Spuren ihrer Leiblichkeit eingeprägt, welche die Psychiatrie als Signal Wahnkranker und Depressiver kennt: fortwährende Wehrlosigkeit gegenüber den Anderen, Versiegen und Verfall der Lebenssicherheit. Solche Züge werden hier indessen nicht aus einer Bewegung des „Endon“ oder einer Vertracktheit der privaten Prähistorie übermächtig. Es waren die „Anderen“ selbst, die in der Situation das Grauen hochschlagen ließen. Es ist also nicht so, daß sich einer spontanen oder geschichtlich folgerichtigen Modalität des „Standes“ eine unheimlich-bodenlose Welt erschließt. Das gelebte Leben wird vielmehr von dem, wofür es eigentlich erschlossen und offen ist, überrannt. Diese Umkehr einer anthropologischen Dynamik mag neben anderem damit zu tun haben, daß beim Paranoiden und Depressiven, sofern sie geheilt werden, Entbergung und Verfall merkwürdig wenig Spuren auf dem Lebenweg hinterlassen, während sich bei den Verfolgten Schwund und Verlust des Vertrauens einnisten. Diese Dynamik bewirkte auch, daß wahnkranke oder depressive Verfolgte im Terror der Lagerzeit die psychotische Überwältigung verloren und daß es zu ihr unter den Bedingungen der Reduktion des Lebens auf quasi-animalische Überlebenstechniken selten kam.

Die Zeichnung des Verfolgten an seiner Leiblichkeit tritt in Änderungen des Befindens hervor, die bei keinem der Betroffenen fehlen. Erschöpfbarkeit, Versagen, Irritation der Verdauungs- und Herzfunktion, eine basale Unsicherheit des In-Erscheinung-Tretens schlechthin bilden eine Matrix, in welche die oft weniger prägnanten „seelischen“ Abwehrweisen depressiven oder phobischen Gepräges eingebettet sind.

Wer den Terror überlebte, durchschritt *Stadien* der Deformation seiner Leiblichkeit. Ich suche sie an einigen Selbstschilderungen nachzuzeichnen.

Der Leib und das Loch

„Als sie schon nahe bei uns waren, dachte ich, daß mir das Herz aus dem Leibe springt, solches Herzklopfen hatte ich“, schreibt der zwölfjährige David beim Anrücken der SS, und am nächsten Tage: „In den paar Tagen habe ich so viel Kraft verloren, daß ich sie vielleicht in drei Monaten nicht wiedererlange.“

Dieser Zwölfjährige, der eben der dem Kind eigenen Herzhaftigkeit entwächst und in die Möglichkeit eintritt, ein Herz als Projektionsorgan zu „haben“, bezeichnet prägnant die Situation der beginnenden Bodenlosigkeit. In ihr zerlaufen die sichernden Strukturen der bisherigen familiären Lebenswelt, ineins damit die reflexionslose Geborgenheit in einem Leib, der trägt. *Anne Frank* notierte am 8.11.1943 in ihr Tagebuch:

„Heute abend, als Elli noch da war, wurde andauernd und scharf geschellt. Ich wurde weiß wie ein Tuch, bekam Leibschmerzen und Herzklopfen und verging beinahe vor Angst.“

Versteckte ver-innerten ihr Leben lang – wenn sie im Leben blieben – diese leiblichen Erschütterungen, welche die Psychiatrie als körperliche „Korrelate“ akuter Angst- und Schreck-Reaktionen bestimmt.

„Als ich fünf Jahre alt war, haben die Verfolgungen in Brüssel angefangen. Ich durfte mich mit keinem Fremden unterhalten. Vor Menschen in Uniform mußte ich mich verstecken. Wir sind dann aus der Wohnung und aufs Land in einen Keller, mit fünf Personen. Es war dunkel und feucht, wir konnten uns nicht waschen. Wir litten Hunger und Durst, konnten keine Bewegung machen und hatten zwei Decken für fünf Personen. Wir konnten uns zwei Jahre lang nicht ausziehen. Die Eltern waren sehr nervös und haben sich dauernd über uns aufgeregt und zur Ruhe gemahnt. Sie mußten uns manchmal schlagen, um die Ruhe zu erhalten. Dann kriegte Mutter Weinkrämpfe und bat uns um Entschuldigung wegen ihrer Unbeherrschtheit. Ich kriegte damals Kopfschmerzen, besonders am Hinterkopf. Die Mutter hat mich immer ausgeschimpft, daß ich die Sache nicht haben muß.“

Solche leiblichen Figuren der Angst lassen erkennen, daß das Gefüge der Selbstwahrnehmungen, deren kontinuierlicher Fluß sonst ein unverbrüchliches Verhältnis zwischen Selbst und Welt garantiert, ins Wanken geraten ist. Der Versteckte, in passive Erwartung gebannt, gelangt nicht *à l'arme,* auch nicht in die entspannende Aktion der Flucht. Zitternd, mit fliegenden Gliedern, schlagenden Pulsen und schweißbedeckt verharrt er in einer Positur, die ihn zu Ansprung oder Flucht befähigen würde. Versteckte lebten in zermürbender Auseinandersetzung mit sich selbst oder Mitversteckten und hatten ständig den Drang niederzukämpfen, sich zu stellen, jemanden anzugreifen u. a. Dem Entwurf des Versteckten, den Sprung aus der Angst zu tun, begegnet kein weltlicher Gegenhalt. Der Sprung würde in den leeren Abgrund führen, ins Loch schlechthin. Also bleibt es beim Kreisen der Angst in einem Leib, dessen Welt pure Bedrohnis ist. Was in der phobischen Angst, im Höhenschwindel etwa, als „subjektive“ Situation realisiert ist, geschieht hier objektiv, faktisch.

Die leibliche Dynamik dieser Lage kann man als ein *Beben* beschreiben, wenn es gelingt, grazile lyrische Nebenbedeutungen des Wortes fernzuhalten und seinen Sinn elementar zu fassen. Dazu hilft, daß ein Äußerstes dieses Bebens jene ergriff, die in den Vergasungsbaracken zusammengepfercht den Tod erwarteten. Das lassen die Beschreibungen der Henker und die Berichte der in fiktive Gaskammern Geführten ahnen.

Der bebende Leib muß nicht in zitternden Gliedmaßen erscheinen, zumal nicht als ein Gehabe, wie es Kriegszitterer zeigten. Er kann einmal in den konkreten Bewegungsentwürfen des Bebens sinnenfällig werden und lädt dann zu leib-sprachlichen Vermutungen ein. Der Blinzeltic mit Kopftremor, der bei einer Frau besteht, seit sie im Verlauf einer Razzia aus dem Zuge geholt und mit der Deportation bedroht wurde, der Schiefhals eines Arztes, der erstmals auftrat, als er ohnmächtig zusah, wie Frau und Kinder abgeführt wurden, sind Beispiele für viele ähnliche Fälle. Häufiger wird das Beben in die Tiefen des Leibes hineingenommen, als Vibrieren oder überhaupt nicht mehr anschaulich empfunden und in unstetigen, geängsteten mitmenschlichen Beziehungen dargelebt.

Der getretene Leib

Selbstschilderungen zur Charakterisierung des *getretenen Leibes* könnten entbehrlich scheinen. Die psychiatrische Literatur, die ziemlich alle nur denkbaren Befindlichkeiten beschreibt, ist indessen hier merkwürdig kärglich.

„Wir kamen in eine Ziegelfabrik außerhalb der Stadt, wo man im Freien lebte. Der Vater grub eine Erdhöhle für die Familie. In den vier Wochen regnete es ständig. Wir mußten nicht arbeiten. Die Verpflegung war noch erträglich. Wir dachten, es sei bereits das Schlimmste, aber angesichts des Kommenden war es ein Paradies. Wir kamen im Viehwagen an einen anderen Ort. Es hieß, man gehe zur Arbeit nach Westungarn, aber man nahm schon alle mit, Frischoperierte, Verrückte und alte Leute. Man schlug uns, um die Verstecke unserer Schmucksachen aufzuspüren. Auf der Sammelstelle waren wir zu einigen tausend im Freien, ohne Wasser. Dann wurde eine Rede gehalten, es gehe mit unbekanntem Ziel zur Arbeit. Man kriege so viel zu essen, wie man arbeite. Wir wurden wieder einwaggoniert, 64 Menschen wie Pakete, zwei Tage und zwei Nächte. Dann sah man Auschwitz, das Lager sauber und schön, die Baracken ordentlich aufgestellt. Wir stiegen aus. Alles mußte schnell gehen. Auf der Rampe wurden Männer und Frauen separiert in Fünferreihen. Die Kinder sollten bei den Großeltern bleiben. Ich dachte, man zieht die jüngeren zur Arbeit und die Großeltern können auf die Kinder aufpassen. Dann kam der Arzt mit seinem berühmten Zeichen. Ich mußte zur einen Seite gehen, die ganze Familie zur anderen. Als ich zur Familie, zu meinem Kind wollte, lächelte er und sagte, ich solle ruhig zur Seite gehen, ich werde die Angehörigen bald treffen. Ich sah die sauberen Krematorien und dachte, sie sind für die normal Sterbenden eingerichtet. Nach einigen Tagen wußte ich, daß ich die Eltern und mein Kind nicht wiedersehen würde. Ich war sieben Wochen in Auschwitz. Das Leben war ein Kampf. Wir wurden zu fünfhunderten in den Badesaal geführt. Dort mußte man sich ausziehen, durfte nur Schuhe und Augengläser behalten. 500 nackte Frauen, junge und alte, magere und dicke, ein entsetzliches Bild. Wir wurden dann nackt in einen weiteren Saal getrieben, wo Männer wie auf einer Hauptstraße herumspazierten. Beim Abscheren der Haare amüsierte sich die Aufseherin mit den Soldaten. Ich mußte die Schuhe durch eine Desinfektionslösung ziehen und dann an einem lächelnden Soldaten vorüberparadieren. In einer Baracke waren dann 1200 Frauen, 600 in einem Schlafraum. Auf der Schlafstatt konnte ich nur seitlich und an die anderen gepreßt schlafen. Ich hatte nur Fetzen als Kleidung. Es gab kein Wasser und keine sanitären Anlagen. Zwischen je zwei Baracken waren für 2400 Frauen 14 Kisten mit Löchern und Eimern darunter. Alle hatten Durchfall. Es gab keine Arbeit. Wir mußten immer Appell stehen von 4 Uhr bis 8 Uhr morgens. Dann wurde der Kaffee verteilt. Die Hälfte bekam nichts. Das Mittagessen war ein dickflüssiges Etwas, das man den Schweinen nicht gegeben hätte. Für 600 Personen waren 30 Töpfe verschiedener Größe da, die von Mund zu Mund gingen. Gab es Fehler beim Appellstehen, so mußten wir stundenlang mit erhobenen Armen knien. Die Aufseher brüllten, wenn die Hälfte von uns krepiert sei, werde man schon wissen, woran man sei. Man schlug dabei wahllos auf uns ein. Mittags um den Wasserwagen war ein ständiger Kampf. Der Fahrer schlug mit dem Eisenkoppel auf uns ein. Wir schlugen uns gegenseitig das Waschwasser aus den Händen. Es gab Paniken. Es fing ein allgemeines Schreien an, das in einer Ecke anfing und sich dann über das ganze Lager ausbreitete. Man war wie in Trance. Die Maschinengewehre wurden dann auf die Fenster gerichtet. Ich träumte damals oft, ich sei auf einer offenen Straße, könne nicht fliehen und werde erschossen. Ich hatte so ein Erstickungsgefühl. Ich hatte nur eines im Kopf: essen und schlafen. Alle Knochen traten mir heraus. Sah ich mich in einem Glas, war ich wie ein junges Mädchen. Ich war ganz einfach apathisch, ich hatte keine Angst und Gedanken. In mir war kein Haß oder Bitterkeit. Ich war gleichgültig und ging mit den anderen wie mit einer Herde Schafe. Wir mußten immer wieder zu Tausenden auf die Wiesen heraus, uns ausziehen und zwischen den Ärzten durchlaufen. Manchmal ging es zur Entlausung in die Kellerräume, wo man dachte, man wird jetzt mit Gas getötet. Man hat bis heute noch keinen Film mit einer solchen Komparserie gedreht."

Sieht man von den „Selektionen" und „Aktionen" ab, bei welchen im inneren leiblichen Agieren die Erstarrung vorwaltete, so wird hier der Alltag des Inhaftierten so geschildert, wie er in der Mehrzahl der Konzentrationslager, in vielen Ghettos und Zwangsarbeitslagern aussah. In der Schematik des Gruppenlebens, die auch in diesem Inferno nicht fehlt, wird der Leib aus seiner Erstarrung gerissen und in den Rhythmus primitiver Überlebenstechniken hineingeholt. Dies gilt für die Überlebenden. Von den Verhungernden und denen, die sich passiv aufgaben, weiß man, daß sie ohne Aufbäumen in Umdämmerung und Leblosigkeit versanken. Die bei der Befreiung noch lebten, waren für die eintretenden Retter von Leichen kaum zu unterscheiden.

Daß die Millionen „Ausgesiedelter" auf den endlosen Wegen von der Tür ihrer Wohnung, über Straßen, Sammelstellen, Bahnhöfe und Viehwagen bis zu irgendeiner Rampe im Morgengrauen nicht erstarrten, zusammensanken, panisch flohen oder angriffen, sondern ergeben weiterschritten – dies Faktum bleibt auch dann schwer einsehbar, wenn alle möglichen massen- oder illusions-psychologischen Überlegungen angestellt werden. Spät erst, wenn sie der seitwärts gedrehte Daumen des Selektors von den Angehörigen trennte und das Entsetzen aufstieg, bedurfte es der Tritte, um sie die paar hundert Meter zur Cyklon-B-Baracke zu treiben.

Den Leib der Mehrzahl derer, die durch die Lager und Ghettos gingen, sehe ich als einen getretenen. Das ist – überlebensökonomisch gesehen – eine geeignetere Anpassungsweise als der bebende Leib. Der getretene Leib wird systematisch in die Richtung irgendeiner Leistung „auf Tritt" gebracht oder gehalten. Der Tritt meint dabei über den Fußtritt, der den Leib trifft, hinaus noch mehr. Der so geschundene Leib wird Erwartungsschemata angepreßt, die vom aufschreckenden Marsch-Tritt der Bewacher über deren antreibende Stiefelspitze bis zur zertretenden Drehbewegung des Absatzes reichen. Der Tritt scheucht den Häftling aus Erstarrung und Apathie hoch und wirbelt ihn in das System des Appellstehens, des Marsches zur Zwangsarbeit, des Essenfassens usw. Der Getretene steht dabei in der unteren Schicht der Hierarchie der Blockältesten, Kapos, der Lagerpolizisten und SS-Bewacher. Er übernimmt bald die Ideologien seiner Peiniger, welche die Ausnutzung seines Leibes bemänteln. Die Aneignung der im Lager herrschenden Zerrform militärischen Umgangs wird für den Getretenen unausweichlich. Sie bringt ihn dazu, auf Mithäftlinge einzutreten, wenn sie aus der Reihe gehen. In gehetzter Aktivität entwirft sich der getretene Leib auf das jeweils Aktuelle. Viele Häftlinge berichten, daß sie verhunzt und ausgezehrt gleichwohl eine animalisch behende Geschmeidigkeit entwickelten und ständig überwach lebten. Ein Verfolgter, der vom dritten bis zum fünften Lebensjahr im Konzentrationslager war und die Appelle im Gewand des Vaters verborgen überlebte, schwang sich bei Selektionen in das Barackengebälk oder schmiegte sich in Nischen unter den Barackenböden, dort in extremen Haltungen stundenlang kauernd.

Der verfremdete Leib

Die Verfremdung des Leibes ist Teilstruktur einer allgemeineren Abspaltung. Der Getretene gibt Konfliktzonen preis, die unter dem Druck der Terror-Situation unhaltbar wurden. Er neutralisiert und mechanisiert Vollzüge, indem ihre Ich-Besetzung verringert und auf geschütztere letzte Bastionen versammelt wird. Der verfremdete Leib und *Minkowski*s *„anésthésie affective"* sind solch ein entlastendes Geschehen. Nach der Befreiung gelang es vielen Betroffenen nicht mehr, die Verfremdung rückgängig zu machen.

Ein katholischer Priester jüdischer Herkunft: „Meine Erinnerungen an die Lagerzeit sind ganz bizarr, wie bühnenbeleuchtet und von großen Zwischenräumen erfüllt. Das Hereingehen ins Lager, die merkwürdigen Badeeinrichtungen, die Viechereien bei der Aufnahme. Wir lagen auf Stroh wie die Heringe, alt und jung, gesund und krank durcheinander. Ein- bis zweimal am Tag gab es Wassersuppe. Ich erinnere mich an den Morgen des 8. Dezember, das Fest der unbefleckten Empfängnis. Es fiel nichts Besonderes vor. Wir standen wie üblich stundenlang frierend auf dem Appellplatz. Der Himmel war eigenartig klar und winterlich grün-blau. In dem Moment faßte mich eine Desillusionierung und Gleichgültigkeit, die mich seither nie mehr verließ. Ich war und bin seither furchtlos, wie abgestorben und gefühllos gegenüber normaler Furcht. Ich kann das Leiden anderer nicht mehr mitempfinden. Das erhöht meine Effektivität in bedrohlichen Situationen, macht mich aber im tiefsten unbrauchbar für den mitmenschlichen Kontakt. Als ich mich für die Alten, die besonders schikaniert wurden, einsetzte, bekam ich Einzelhaft im Betonbunker, stand im Wasser, wurde angespritzt und mußte dann in strenger Dezemberkälte stundenlang durchnäßt stehen. Der Essensentzug war dabei das Geringste. Ich dachte, ich würde erschossen. Ich sah, wie andere Häftlinge an Füßen und Händen lebend aufgehängt wurden. Ich mußte stundenlang mit erhobenen Händen dastehen, um nicht erschossen zu werden. Das Ganze kristallisierte sich in mir als Affektlosigkeit. Vieles berührt mich nicht mehr so, wie es eigentlich soll. Das hat Vorteile, wo Verantwortung gebraucht wird, ist aber nicht ganz menschlich."

Auch das ist ein Rückzug aus dem Leib, aber von ganz anderer Art als bei den Schwerkranken, wie *Plügge* sie beschrieben hat, die in eine „körperliche Stille" gleiten und den Leib als Hülle neben sich lassen, anders auch als die Abspaltung und Automatisierung leiblicher Abläufe in den Monotonie-Situationen der modernen Arbeitswelt.

Die terroristisch erzwungene Kluft zwischen Ich und Leib ist eine gespannte Zerrform der Entlastung. Sie vollzieht sich nicht nach den Regeln, welche die Entfernung vom welken und siechen Leib oder seine Entfremdung in der Schematik des Arbeitszwangs bestimmen. Der verfremdete Leib ist zwar instrumentell verfügbar, als gepeinigter aber des Abstoßens würdig. Seine weltliche Entsprechung ist die Entrückung des Gegenwärtigen, wie sie der Geistliche in der Derealisierung des Lagers erlebte. *Cayrol* hat diese entrückte Welt an Tagträumen und Träumen der Häftlinge dargestellt: kostbare Landschaften, Zauberarchitekturen, Historiengemälde in Gold. Er zeigte die Nähe dieser Verfassung zur „großen Euphorie des Endes". Nicht minder als der getretene ist der verfremdete Leib *kritische* Modifikation, dem Überschlag in apathisches Versiegen ständig ausgesetzt.

Dem Überleben günstig war der Entwurf des Leibes als ein dem Sklavenalltag dienliches Arbeitsgestell. Als solches wurde er gepflegt, in Glasscherben inspiziert, vor geringsten Beschädigungen sorgsam verwahrt. Der Verlust der Brille bedeutete für den Kurzsichtigen Vernichtung. Ich wüßte keine Verfassung, die dem erspekulierten *homme machine* der frühen Materialisten näherstünde.

Der verunstaltete Leib

Der Leib des Verfolgten blieb nach der Befreiung zum Tragen und Erscheinen wenig tauglich: verunstaltet und als solcher auf eine heillos verunglückte Welt angelegt.

„Lächerlich sind wir, abstoßend. Montags sind unsere Schädel kahl. Samstags sind sie mit kurzem, dunkelbraunen Flaum bedeckt. Wir haben aufgequollene, gelbe Gesichter, die fortwährend von den Schnitten des hastigen Barbiers und häufig von blauen Flecken und stumpfen Wunden bedeckt sind. Wir haben lange knotige Hälse, wie gerupfte Hühner. Unsere Klamotten sind unsagbar dreckig, voller Flecken von Schlamm, Blut und Schmierfett. . . Wir sind voller Flöhe und oft kratzen wir uns in schamloser Weise. Es ist demütigend, wie häufig wir darum bitten müssen, zur Latrine zu gehen. . . An unseren Geruch sind wir ja inzwischen schon gewöhnt. . . Es ist nicht der allgemeine Geruch des Schlechtgewaschenseins, sondern der Geruch des Häftlings, fade und süßlich, der uns bei der Ankunft im Lager empfing und stetig aus den Schlafräumen, Küchen, Waschräumen und Aborten des Lagers dringt. Man erwirbt ihn augenblicklich und verliert ihn nimmer."
(P. Levi.)

Wieder ist mit Verunstaltung mehr gemeint als die erfrorenen und amputierten Glieder, die Narben, Residuen unmenschlicher Experimente und andere Körperschäden, die viele Verfolgte davontrugen. Die Verunstaltung betrifft jenes Gefüge leiblicher Selbsterfahrungen und jenes Konzept der Integrität des Leibes, wonach Unversehrtheit für die Weisen des Standes in der Lebenswelt konstitutiv ist. Ihr Minimalgrad pflegt im *habeas corpus* garantiert zu werden. Die Versehrung des Leibes in extraterroristischen Situationen (kriegerische, naturale, technische u. a. Katastrophen) ist eine damit nicht vergleichbare Erfahrung. Sie wird unter andersartigen, weil kanonisierten intersubjektiven Normen gemacht und verarbeitet.

Der Psychiater beobachtete bei den meisten Überlebenden ein Überdauern terrorbezogener Haltungen: Schwäche, unabschließbare Trauer, Überlebensschuld, Angst, Mißtrauen. Das Lager läßt den Verfolgten nicht mehr los. Der im Inferno erniedrigte, verkümmerte Leib scheint fortan nurmehr eine heillose Welt zu erschließen. Aus vorgegebenen, konzentrationären und postkonzentrationären Einwirkungen läßt sich im Einzelfall verstehen, wie der Einbruch mehr das Tragen oder mehr das Erscheinen des Leibes betraf. Im ersten Fall werden Asthenie und Depressivität und mit ihnen Last- und Verlust-Welt, im zweiten Fall Angst und Mißtrauen und mit ihnen eine Welt der Bedrohung und Entmachtung die Verfassung prägen.

Das war eine Strichzeichnung weniger der phänomenologischen Struktur als der physiognomischen Lineatur des Leibes in der Verfolgung. Der bebende, getretene und verfremdete Leib, sie sedimentieren sich in der Verunstaltung. Diese bekundet sich psychiatrisch in „unbegründeten"

Krankheitsbefürchtungen, Schwäche „ohne somatisches Substrat“, in „motivloser“ Angst, „anlaßloser“ wahnhafter Einstellung usw. Sie teilt sich auch darin mit, daß ein jetzt sechzigjähriger Verfolgter ohne Angst nur einschlafen kann, wenn er ein Stück Brot in der Hand hält.

11. Skizzen zur Unzeit

. . .
Käme,
käme ein Mensch,
käme ein Mensch zur Welt, heute, mit
dem Lichtbart der
Patriarchen: er dürfte,
spräch er von dieser
Zeit, er
dürfte
nur lallen und lallen
immer-, immer –
zuzu
(» Pallaksch, Pallaksch «)
Paul Celan: „Die Niemandsrose".

Knechte des Saekulums

Was ihn und sein Selbst angeht, hat der heutige Mensch wenig zu verlieren und zu gewinnen allenfalls die Reste, die er von sich besitzt, ohne viel von ihnen zu wissen. Seit wir uns als „Persönlichkeit" aufgebracht haben, ähneln wir den Objekten, die wir produzieren und sind ebenso zu haben wie sie.

Wir bieten uns feil an jeden, der uns kauft: an Rote, Schwarze, Gelbe und wen immer. Irgendeinem Exoten sind wir als Logistiker recht, ihm ein Kraftwerk zu errichten oder ein Nachbarvolk mit anderen Amuletten auszuradieren. Sein glitzernder Blick langweilt sich auf unseren flachen Gesichtern, und bevor er uns durch seine Wesire Quartier im nächsten Hilton gegeben hat, sind wir seiner Erinnerung schon entgangen. Denn er sieht das Werk, zu dem wir uns formieren, bereits vom Sand der Wüste überdeckt.

Wir sind zu allem zu gebrauchen und insofern wenig wert. Wir taxieren einander nach Einnahme und Ausstoß. Sind wir unter Anderen, machen wir die Schritte dröhnend, um die Panik unserer Eingeweide zu übertönen. Als Mode-Nieten sind wir in die Gestelle gehämmert, auf welche man die wechselnden Draperien dieser Zeit spannt. Wir taugen nicht zur Dekoration. Unter Anderen gilt allein unser Geld. Vor unserem Gott neigt ihr Haupt sich nicht. Wir sind allein mit uns und unserem Gemächte: Kehricht der Geschichte, mächtig zwar, aber verlassen von allen Mächten, guten wie bösen.

Feststellungen wie diese werden nicht harmloser, wenn man ihnen entgegenhält, daß sie der Richtung strikt zuwider laufen, in welcher die

Heutigen sich zumeist verstehen. Eher spricht dies dafür, daß sie an der Zeit sind. Hundert Jahre währt eine kalte Ekstase maßlosen Wissenwollens und Machenkönnens, dieser Exzeß in Nüchternheit. Ein Fingerhut voll Zeit kreiert einen Typus Mensch, durch und durch trainiert, berechenbar in seinen genocidalischen wie in seinen suicidalischen Aktionen, in seinen genormten Gefühlen und seiner grandiosen Impotenz im Ornamentalen: in der Liebe, der Kunst, im Tanz vor den Göttern.

Keine Zeit hat sich in ihren geschichtlichen Vorgaben so gewußt, so viel gestrige Dämonen abrufen können und so wenig aus ihren Gesichtern gelesen. Keine Epoche hat ihre Philosophen und andere Quertreiber durch Nachreden schneller ohnmächtig gemacht. Nie zuvor ging man – demokratisch, juristisch, literarisch – mit der Individualität bedachtsamer um. Gleichwohl ist das Bürsten dieses Sonntagsanzuges „Individuum" nie plumper verunglückt. Kaum je war eine Zeit einem seichten Gewässer so ähnlich und verwandte so viel Scharfsinn darauf, Bohrlöcher in sich zu treiben, um sich als tief auszugeben. Keine Zeit hat so monströse Spiel-Plätze gebaut, und so schlecht gespielt wie diese. Nie sah man Begegnungs-Kolosseen wie die heutigen, behängt mit Spruchbändern des Stumpfsinns und gefüllt mit gähnenden Jasagern. Nie ertrugen Epochen solch verschmitzte, dickwanstige Ecclesien. Keine Zeit schlachtete ihre Söhne und Töchter mit fauleren Parolen. Keine hat sich von farbloseren Funktionären hofieren lassen und so sehr die Mittelmäßigkeit zu ihrem Goldenen Kalb gemacht.

Als Könner gilt dieser Zeit der Selbst-lose. Was an ihm unverwechselbar ist, wurde ihm durch seine Objekte entrissen. Ihm steht kein Rest Freiheit über, sein Selbst so zu opfern, wie dies seine Vorväter zu den Hoch-Zeiten des Menschen konnten. Roboter unter anderen, nimmt er vom Fließband der Zeit das ab, was ihn endlos programmiert und mit dem Schein des Fortschreitens umgaukelt.

Höchste Zeit

Verzerrt dies unsere Züge? Sind wir in der Tat nur mehr Abnehmer und Knechte eines Saeculums, wenn wir unserer Erde den uranischen Todesengel entnehmen, ein Pröbchen Sand dem Nachbarn Mond und das Herz dem lieben Nächsten, der auf den betonierten Schlachtbänken verendet? Sind wir nicht seine Hersteller und Herren, wenn wir die Armen ausrotten, am Verbrauch schrauben, Repressionen ausschalten und den Frieden der Welt auf der Bombenwaage balancieren? Hat der Mensch je so energisch ein „Bewußtsein" gewollt? War die Erde je so nahe daran, sich in ein großes Freizeitheim zu verwandeln, in welchem der eine tut, was der andere läßt? Menschenherden werden zu Lämmervölkchen, indem man sie in Grüppchen gliedert und ihnen Moderatoren beigibt. Deren Megaphone mögen parteiideologisch, anarchisch, gruppendynamisch, psychedelisch oder liturgisch gefütter sein, der Effekt übertrifft stets die Erwartungen. Denn diese Prozedur stillt *das* zentrale Bedürfnis der Neuzeitler: ihren Hunger, inform und konform zu sein. Der Mensch, für mehr Stunden seines Lebens als je zuvor zum Spiele mit sich selbst freigelassen, nähert er sich nicht der Humanität schlechthin? Wurde die Natur durch Geschichte nicht auf eine fabelhafte Weise übetroffen, als ihr abgezweigter Säuger, wenige Jahrtausende noch zuvor kultureller Habenichts, nun über Groß-Silos verfügt, in welche seine Schiffe aus allen Zeiten und Räumen die Materialien seiner Macht einbringen? Vom Primitiv-Ethiker Moses über die Sänger aus Hellas, die Märchenerzähler Arabiens und die Hierarchien mittelalterlicher Magersüchtiger bis zum Wernher von Braun und Piet Mondrian, welches Weiterkommen!

Indessen bleibt fraglich, ob das, was der neuzeitliche Großreeder an eigenen Zutaten in die Speicher steckt, so haltbar ist, daß es künftigen Generationen ebenso schmecken wird wie vergangenen das Vorvergangene.

Wenn diese Zeit ein Recht auf Eigenliebe hat, so besteht diese darin, sich als letzte Zeit zu verstehen. Nimmt sie sich so, so könnte ihr die letzte Kränkung zu einem Vorzug gereichen: sie entzöge sich dem Vergleich mit früheren Zeiten. Sträubt sie sich, „höchste" Zeit im Sinne der Erwünschtheit ihres baldigen Abganges zu sein, so bringt sie sich um eine schöne Gelegenheit zu einer Reverenz auf der Weltbühne. Sie läßt die Chance aus, ihre Note zu verbessern.

Man möchte Einzelnen und nur Einzelnen – denn Gruppen sind Sprüngen, wie sie hier angeraten werden, hinderlich – Mut machen, einen besseren Abgang in und von dieser Zeit zu versuchen. Dazu bereitet es sich am besten allein vor. Vor der Exekution liegen Ausflüchte nahe. Solchen Lagen wird nicht gewachsener, wer auf das Benehmen des Anderen schielt, dem auch der Giftbecher gereicht wird. Von Ehre ist dabei nicht mehr die Rede, vielleicht von Würde oder vom Rest einer Möglichkeit zu ihr. Wenn es richtig ist, was Jahrtausende, ohne es beweisen zu können, behaupteten, daß der Mensch Kreatur sei, so stünde einigen seiner letzten Exemplare diese Abschiedsgeste gut. Wer dabei auf Applaus rechnet, ist ein Tor. Die Götter sind unserer Agonie überdrüssig; sie unterhalten sich längst mit anderen Späßen.

Wenige Spieler von heute werden eine Positur zustandebringen, die zum allgemeinen Begräbnis paßt. Wir sind zu selbstlos und gieren zu sehr nach unserem Ich, als daß wir diesen unseren letzten „Fortschritt" einbeziehen könnten in unsere Systeme. Wir geben uns aus in einen Ernst, der den Blick dafür trübt, daß wir zum Ende sind. Wo wir den Sinn von „Ende" zu fassen suchen, gerät uns die Bilanz unserer Unternehmungen, bisweilen das Andenken der Nachwelt, im besten Fall das eigene oder gar das Neue Testament in den Sinn. Daß dem Ende des Hiesigen ein Jüngstes, ein Uranfängliches folgen könne, das die Form des Rechtens mit uns annähme und uns über die Hand eines Gottes hauchte, war schon kräftigeren, selbstischeren Zeiten ärgerlich und grauenhaft. Dieser Zeit sind solche Geheimnisse schlechthin unausstehlich. Sie muß sie zum Ammenmärchen degradieren, zu Geschichten, die man der Kindheit der Völker und naiven Vorstufen der Erfahrung zuordnet.

Gewöhnlich proklamieren wir als sichersten Besitz, was uns längst entging. Götter verweilen nicht an Stätten, wo sie hochgequält werden wie bei uns. Wer seine Ehe zauberhaft nennt, steht vor der Scheidung. Rühmt sich jemand zufriedener Untergebener, so kann man ihn gelassen einen Despoten heißen. Wohlinformierte verstehen einander am schlechtesten. Unsere Zeit will sich als eine kreative ins Anmeldeformular der Historie eintragen. Begründet sie dies, wie Anwärter auf Orden oder wissenschaftliche Akademien, mit dem Hinweis auf Hinzuverdientes (die Kreativitätsforschung etwa oder die Futurologie), so signalisiert sie, daß es mit ihr als Kreatrice schlecht bestellt ist.

Mensch unter dem Strich

Sieht man auf Epochen, die sich – und sei's im Rokoko ihrer letzten Dekaden – mit einigem Anstand zu Grabe schäumten, so drängt sich ein Zusammenhang von Kreatürlichkeit und Kreativität auf. Wo sie sich geschaffen erfuhren, schufen die Zeiten, und zwar Beachtliches. Dies Schaffen zeigt sich nicht zunächst in dem, was unsere kunstgeschichtlichen Sammelwerke vorstellen. Religionswissenschaftler und Ethnographen wissen mehr davon, wie die Zeiten sich zum Selbst verhielten. Alltagsriten und profane Zeremonien sprechen das klarer aus als Monumente, Bauwerke, Philosophien und raffinierte dogmatische Systeme. Die simple Art, in welcher der Heutige Religion qua Kirchensteuer praktiziert oder sein werktätiges Diesseits umheiligt, hat den Eifer eines *George Fox* und die Trance der Wiedergeburten längst hinter sich.

Kreative Epochen leben einen spielerischen Überfluß an Gebräuchen, Trachten und Idolen. Ihre Menschen sind in der Fülle ihrer selbst als Individualisten kaum erkennbar und kehren sich dem Kreisen des Tages, des Jahres und des Lebens als unterschiedliche Figuren zu. Gekonnte Geschöpfe, sind sie in ihren geschichtlichen Orten ebenso fugenlos eingelassen wie das Tier in seinen natürlichen, kunstvoll eben. Gestalten dieser Machart sind mit ihrem Ich kaum beschäftigt. Sie fordern nicht lauthals „Veränderung" oder „Beteiligung" an den Teilfertigungen ihrer Sozietät. Sie partizipieren schlechthin, wenn man will „mystisch", aber nicht auf

Zinssendorfsche Manier, sondern mit jener Präzision, welche sie einem besseren Regulator verdanken, als das ein Ich je sein kann. Man hat keinen treffenderen Namen für dies metapsychologische und metalogische Organon des Partizipierens als das Selbst. Jene selbstischen Zeiten, welche die unsere bei weitem überholten, hatten dafür überzeugendere Begriffe. Ihre Regenmacher und Schamanen würden allerdings gesteinigt worden sein, hätten sie sein Geheimnis im Stil der Psychologen unserer Tage als individuelle Taktik preisgegeben.

Diese Zeit verdient also als eine selbstlose, zumindest als selbstvergessene, als eine in ihrem Selbst marode Zeit benotet zu werden. Man wird sie sich überlassen und allenfalls auf kleine Ausbesserungen ihres Makels sinnen. Reformerisches oder gar Rettendes ist nicht aufzubieten. Zu messianischen Kniffen ist nicht mehr die Zeit. Ostasiatischem Tönen, wie es bei Reisenden in höherer Menschenkunde heute Mode ist, mißtraut man aus anderen Gründen. Den Intellekt opfern und zu magischen Beschwörungen übergehen wird schwerlich, wer einmal in die Frucht des analytischen Denkens biß. Und von den Liturgen jedweder Konfession ist in dieser Sache kaum mehr Heil zu erwarten, denn sie hüten in ihren Tempeln nicht mehr das Numinose, und zwar in der gehörigen Distanz zu jenen, die seiner bedürfen. Sie haben sich mit ihren Gemeinden so gemein gemacht in Gestus und Sprache, daß sie nichts Heiliges mehr vermitteln und allenfalls zu Hilfspsychologen taugen. Kaum ein überzeugender Exorzist ist mehr unter ihnen. Der Pastor verdrängt verschämt den Hirten in sich und mischt sich unter die Psychotherapeuten. Die bewußteren der Religiösen gewöhnten sich seit *Kierkegaard* ohnehin daran, ohne seine Hilfe und allein mit ihrer Verzweiflung in den Glauben zu springen. Bei allem ist zu bezweifeln, daß die christliche Selbstlosigkeit, wenngleich sie die Seele zu retten besorgt ist, von jenem Selbst etwas rettet, das zu verteidigen hier angeregt wird.

Gilt die Progression der Geschichte als Phantom, so ist auch ihre Umdrehung, die Regression auf verlorene Paradiese kein probates Remedium für eine Selbst-verlorene Endzeit. Diese Zeit hat sich ein kleines Ende bestimmt. Erwartet in ihr jemand die Bilanz von einem außerweltlichen Revisor (die Ankunft eines Messias oder ähnliches), der ihr die Kleinlichkeit in einer schrecklichen Erlösung austriebe und sie mit einer äußersten Anstrengung rechtfertigte, so ähnelt er einem ausgesetzten Kind, das mit dem Waisenhaus schmollt, und, gutem Zureden unzugänglich, an der Tür steht, weil es vermeint, jeden Augenblick von Mutter und Vater abgeholt zu werden.

Camouflage

Diese „dürftige" Zeit hat ihren Philosophen wie jede andere. Er lehrt einiges zur Taktik, das Selbst zu wahren. Sein Denken schreitet auf Wegen ohne Asphalt. Er kennt kein faßbares Ziel, keine Richtung auf ein abzusehendes Ende und scheint sich vom Wollen überhaupt abzukehren. Zu einem peripatetischen Denken, dem es um nichts geht als um ein Ergehen in der Heimat seiner selbst, gehören offenbar Wendungen und Kehren. Warum sollte der Peripatetiker nicht Winkel ziehen und Haken schlagen, um sich den allzu Wendigen zu entwenden, wenn sie die Storchschnäbel ihres richtigen Denkens in das seine stecken? Die listige Narrenkappe des Hinterwäldlers lenkt ab, was der philosophischen Selbst-Achtung nicht genügt. Denn zur Epiphanie dessen, was das Selbst gibt, muß kein Intellekt gequält werden. Sie vollzieht sich selbviert.

Man lernt von diesem schalkhaften Liebhaber des Selbst, daß es aussichtslos ist, es aus dem Feld des Tagtäglichen herausretten zu wollen. Ideen, Glaube, Phantasmagorie sind keine Tempel mehr, in denen ein Verfolgter das Allerheiligste umklammern kann. Dem Selbst läßt sich allenfalls eine Atempause sichern durch Rückzuggefechte aus schwer zugänglichen Rest-Bastionen.

Die Strategie dieser Defensive formuliert sich kaum in der Stabs-Sprache der gängigen Wissenschaften, auch nicht in den strengen Sätzen der Philosophen oder als mystisches Gestammel. Wer sich absetzt von dem, was ihn weiterhin umgibt, spricht am besten subversiv. Wer sein Selbst aufs Trockene bringen will, nimmt den Jargon der Länder an, durch die er es trägt. Er verbirgt seine Absicht unter dem Mantel, heult mit den Wölfen und macht sich ununterscheidbar vom jeweiligen Terrain. Gäbe er sich zu erkennen, brächte man ihn unbarmherzig zur Strecke. Einen Rest an Selbst wird nur retten, wer sich zu seinem Partisanen macht. Den Kurs ins Eigene hält, wer Beschatter abschüttelt, indem er die Vehikel der Ideologien wechselt. Man darf nicht weniger falsche Freunde haben wollen als die meisten. Eremiten werden heute beseitigt; ihre Steinigung geht vor ordentlichen Gerichten oder auf Märkten vor sich: Man schafft sie in die Reviere, diese Zuchtstätten der modernen Sozietät und verhökert sie an einen Impresario. Wer in die Wüste wandern will, nehme den Jeep, wie es sich gehört; andernfalls wird er repatriiert sein, bevor er seine Oase erreicht hat. Man gebe sich so hündisch wie Diogenes, der seine Tonne im Kriege, um unter den Geschäftigen nicht „Einziger ohne Arbeit" zu sein, hin und her rollte. Rollen werden respektiert, also schlüpfe man in eine. Aber man wechsele sie häufiger als sein Hemd. Sie kleben.

Rollen sind verführerisch wie die Sprüche, die man auf Handtuchhalter gestickt findet oder gemalt auf Autos, auf Wände neben Leichen, auf Wandzeitungen, Ausstellungs-Bildern und dergleichen. Sie predigen, man solle dafür sorgen, daß alles bei einem bleibe oder daß man von allem lasse: Glück, Gold, Gift, Lust zu töten, Lust zur Lust und ähnliches. Vom Selbst ist da keine Rede, denn das bröckelt schmerzlos ab, ohne die Sensation des Verzichts. Dabei ist es – wie vorderhand das Hirn – nicht zu ersetzen. Stücke von Selbsten jeder Machart werden zwar auf entsprechenden Banken billig gehandelt, aber sie stoßen sich ab. Rollen und Ichs lassen sich dagegen leicht und dauerhaft transplantieren. Psychotechniker, die auf die Innereien des Menschlichen trainiert sind und das können, sind sehr gefragt.

Tarnungen, wie sie hier empfohlen werden, sind letzte Rollen. Sie sind unerwartet, unabrufbar, fordern weder Mitspieler noch Gegner und taugen nicht zum Übergang in nächstbessere. In sie ist gehüllt, was selbst nicht mehr gewollt werden kann.

Der Selbstische in seiner Bude

Nicht jeder findet es leicht, sich zu verstellen und das Blut ruhig zu halten, wenn seine heiligen Kühe zu Markte getrieben werden. Er ist so gewöhnt worden, echt zu sein durch und durch, daß es ihm Mühe macht, Trauer zu tragen wie einen Ornat und in ihr nicht zu sinken, oder den Zorn, wenn er von ihm angesprungen wird, in seinen Adern zu verteilen und nicht den Hals zu krümmen wie ein pikierter Stier. Wer sich will, gibt sich allenfalls in unscheinbaren Gesten zu erkennen. Er kann darauf rechnen, daß die meisten den leichten Widerstand seiner Bewegung übersehen, wenn er den Franco, den man ihm reicht, in den Kaftan gleiten läßt. Er hat seinen anerkannten Stand unter den Marktschreiern und bietet sein erstbestes Talent mit denselben Rufen aus wie sie ihr letztes. Was er vor sich ausbreitet, ist ebenso handfest wie Mittel, welche die Schönheit der Nackenmuskulatur vergrößern oder das Leben verlängern.

Angst und Argwohn gegen Alleingänger werden uns früh gesteckt. Wir wurden nicht gelehrt, uns in schwierigen Lagen am meisten zu lieben. Unser Vergessen nimmt die Richtung der Anderen. Selbst-losigkeit ist meistgekauftes Ideal. Am leichtesten hat man es mit seinem Selbst, wenn es beim Anderen vergessen wird. Da die Merkmale der Selbst-losigkeit Wohl-Stand signalisieren, bringt man sich ungern um das, was man mit den meisten teilt. Man quengelt nach Führung und Geleit und möchte sein Privatestes in fremden Fächern deponieren.

Mißlicher noch für die, denen an ihrem Selbst liegt, ist elitäres Schmollen im Abseits. Wenn sie sich hinter dem Rücken des Selbstverständnisses der meisten eingenistet haben, entgehen wenige falscher

Eigenliebe. Wer von der Mauer schaut, baut sich nicht mehr, er wird erbaulich, wie man in einem Konventikel ist. Das unmerkliche Kesseltreiben hat ihn als Selbst schon zur Strecke gebracht. Und er bemerkt den Verlust nicht, denn Selbstlose sind wie jene Kranke, die übersehen, daß sie gelähmt sind oder daß ihnen Glieder fehlen.

Wem der Rest sich zeigt, aus dem er lebt, hat nichts zu gewinnen, als was er besitzt. Ist jemand an sich selbst zum Basrelief geschmolzen, wird ihn nichts zur freien Plastik hochwölben können. Aber Götter lassen sich bisweilen herab: Ein Geruch von Singularität kann machen, daß sie ihn annehmen.

Doublette und Sorgsamkeit

Die Schlinge zu lockern, die das Selbst drosselt, gibt es Kunstgriffe. Einer unter ihnen ist die Doublette. Sie pariert Umschlingungen, mit welchen Andere uns in eine Eigentlichkeit fesseln wollen, die ihnen dient. Es ist klug, einen ganzen Satz von Doubletten zu halten. Sie müssen gut gearbeitet sein. Schlichte Doppelgänger, wie Leute sie sich für den Fasching, für das Familienleben, das Wochenende oder den Beruf zulegen, sind damit nicht gemeint. Gute Doubletten lassen sich vom Original zunächst kaum trennen. Ihr Effekt beruht auf einem kritischen Detail. Ist es genau berechnet, dann irriert es so, daß der Andere, wenn er mit der bekannten einnehmenden Vertraulichkeit naht, den Anlaß seines leisen Befremdens über sein Gegenüber nicht wahrnimmt. Er erfährt die Ahnung eines Sprunges in der Beziehung, die er zwischen sich und uns erwartet, und in der nächsten Pause, die er sich für sein Denken läßt, wird er vergeblich darüber sinnen, ob und was nun in uns, in die Beziehung oder in ihn selbst gefahren sei. Wir sollten aus dieser Nuancierung unserer selbst nichts Lästiges für unser Gewissen herleiten. Das ist kein doppeltes Spiel, sondern größere Bedachtsamkeit mit dem eigenen Selbst und größerer Achtung vor dem Selbst des Anderen. Die Doubletten wechselnd entziehe ich mein Selbst unangemessenen Polituren und schärfe das Bewußtsein für das, was zwischen dem Anderen und mir ist. Dabei kontrolliere ich zugleich meine mögliche Gefährlichkeit für des Anderen Selbst.

Persönlichkeit, Intelligenz, soziale Anpassung, Geduld gegenüber Verzichten, also Kennmarken psychologischer Art zeichnen uns als uns selbst nicht aus. Sie gehören zum Bodensatz unserer selbst. Wir teilen sie mit allem und jedem, und sie entfremden uns insofern. Solidarisierung ist bestenfalls eine Ruhepause für das Selbst. Wer vereinzelt sich selbst ausspielt, geht konzentriert in das Ganze.

Am Ich läßt sich dagegen nach Feierabend basteln. Entsprechende Hobbies sind beim heutigen Paperback-Wissen über menschliche Innereien recht verbreitet. Experten lassen sich bitten, wenn der Ich-Eigenbau unglücklich läuft. Hat man Psychotechniker geordert, so läßt man sie besser nicht aus den Augen. Sie werden leicht maßlos mit ihren ausräumenden und dressierenden Techniken oder ihrer Seelen-Konfiserie. Es ist töricht, sich von ihnen das letzte Wort nehmen zu lassen. Wer in sich Sümpfe austrocknen will oder den Kraftwerken seiner Brust eine ruhigere Gangart beibringen muß, mag sich ihrer bedienen. Aber es ist riskant, sie ohne äußerste Notsonden in die lunatische Kehrseite des Ichs schießen zu lassen.

Was das Selbst angeht, ist von ihnen wenig Respekt zu erwarten. Man ist damit einerseits bei sich auf die intimste Weise zu Hause und andererseits extrem entäußert in Bezirke, die technischem Denken entzogen sind.

Anthropologische Koordinaten

Reste menschlicher Originalität in größerem Ausmaß wahren zu wollen ist aussichtslos. Daß die explodierenden Menschenherden ihre Schätze vergraben und bei ihrem hastigen Wandern über den Erdkreis die Stätten vergessen, an denen sie verborgen wurden, nimmt nicht Wunder. Die Uniformität des Menschen in allem und jedem verelendet das Gewimmel. Die hohe Idee politischer Gleichheit verzerrt sich alsbald zur Ideologie einer durchsetzenswerten Einebnung aller Strukturen mit Senkrechten. Längst holen sich die Emanzipierten ihre Konflikte nicht mehr am Aufschauen. Sie lassen sich reihenweise horizontal in Tritt bringen und bleiben ganz unempfindlich, wenn sie dabei über das Knie gebrochen werden. Das Wogegen einer Defensive des Selbst ist längst nicht mehr die Bestie, die sich mit ihrem Krüstchen Ratio nicht zu zügeln vermag. Das war das Modell der Aufklärer aller Zeiten. Noch *Freud* war es Leitfaden, und selbst die späten Aufklärer unserer Zeit zehren davon.

Das Modell hätte vor Jahrzehnten schon auf den Kopf gestellt werden müssen. Denn spätestens seit den Massakern des ersten Weltkrieges, denen man den Namen „Material"-Schlachten gab, wurde klar, daß der Mensch Vieh nicht mehr an seinem Unterleib, sondern an seinem Kopf war: ein Minotauros, der verschlingt, was am Menschen phantastisch, schwebend, „triebhaft" ist. Das sogenannte Unbewußte, an dem unsere viktorianischen Großväter kauten, ist längst zerfressen, und die Gefahr, welche unsere Vielköpfigkeit mit sich bringt, bleibt zugedeckt, wenn die Misere der Zeit, aus alter Anhänglichkeit an ein böses Unbewußtes, diesem aufgehalst wird. Die Friedensapostel unserer Zeit, die sich von der Annahme nicht frei machen können, im „Trieb" sei ein Teufel am Werk, der in die Ich-Maschinerie heraufgequält werden müsse, wie vor Jahrhunderten die Alchemisten ein niederes Element durch mehrhundertstündiges Kochen in eine dem Golde nähere Gestalt zu „quälen" trachteten, machen unbeholfene Annahmen, um die Meinung vom Unbewußten als Makulatur zu erhalten.

Das Wogegen der Defensive des Selbst ist nicht mehr die Infamie, die herauskam, als das Es und das Ich an denselben Tisch gebracht werden sollten. Das Ich tafelt seit einigem ebenso ausgiebig wie gelassen allein, gibt in gemessenen Abständen einen Wohltätigkeits-Bazar für die Anderen und läßt das Es unter dem Tisch bei den Brosamen darben.

Zu wappnen ist das Selbst gegen das verführerische Tönen einer Entrüstung über vermeintes Unrecht, das den Vielen durch privilegierte Wenige getan werde. Das Gerede vom gelobten Land der Mündigkeit und von den hinderlichen Herrschafts-Verhältnissen ist wie die Schein-Apologetik heutiger Kirchen. Auf Zulauf kann stets rechnen, wer sich in der Rolle des Verfolgten und Unterdrückten durchsetzt. Das ist repressiver als Restbestände alter Ordnungen behaupten. Es sind die Abwählbaren, die sich erbarmungslos freischießen, indem sie Verfolger und Feinde am Fließband produzieren. Die Sorge um die Gunst der Votierenden pervertiert zur Angst um das Ich. Und diese Rolle hält kaum jemand ohne den Wahn aus, Andere, denen man geopfert werde, seien hinter jedem Gebüsch. Niemand duckt wirksamer als durch die Pflege der Fiktion seiner Schwäche.

Die verhätschelte Mündigkeit der Vielen verdeckt das Unrecht, das wenigen, zumal Minoritäten im engeren Sinne, durch verhetzte Viele widerfahren kann. Solidarität ist kein letzter Wert. Die Herzlosigkeit ist weniger an vertikalen Strukturen aufgehängt als unseren sozialen Eiferern lieb ist. Das epidemische Sterben der Phantasie und die grassierende Verkümmerung unserer besseren Vaganten-Hälfte haben mächtigere Motive als die Verkapitalisierung der Welt. Ein Inwendiges hat sich stählern nach außen gestülpt. Den Motor hierfür als fatalen Herrschaftswillen einer Kaste auszugeben, die sich an das entäußerte, wodurch sie allmählich besessen wurde, verrät ein veräußertes Denken.

Selbst-Preisgaben werden heute von der anonymen Horizontale im menschlichen Miteinander erzwungen. Sie lassen sich weder Führern noch Verführten, weder Herren noch Knechten zurechnen und sind daher bei weitem schwieriger abzuwehren als Einwirkungen von Hierarchien. Geht kein Wind über Gewässer oder werden sie nicht aufgerührt von tiefen Quellen, so faulen sie. Dieselbe Entropie, welche die Menschen in Posituren abfallen läßt, die ihnen das geringste Maß eigener Entscheide abverlangen, trägt Demokratie als erträglichste Weise der Gesellung und schwemmt Menschen ab in verwüstende Planifikation.

Man kalkuliere die Gefahr von Gruppen, Normen und Instituten nach dem Maße, in welchem sie die Distinktion ihrer Mitglieder beschneiden. Diese Berechnung setzt andere Güte-Skalen voraus als die in der Gruppendynamik gebräuchlichen. Man nimmt zwar dort auf die Distinktion von Rollen Bedacht und hält sie für eine Bedingung gut integrierter Gruppen. Letztlich läuft aber die Dynamik selbst „guter" Gruppen darauf hinaus, ihren Mitgliedern einen Selbst-Betrug abzuverlangen, indem sie ihnen eine Identität aus zweiter Hand liefert. Hat man sie in der Tasche, so eröffnen sich Spiel-Plätze, neue Karrieren, neue Gelegenheiten zur Rancune. Das alles geht unter stark entlastenden Bedingungen vor sich. Versiebt man etwas, so läßt sich das dynamisch erklären. Schuld verflüchtigt sich in anonymer Bewegtheit. Man ist den Ärger los, selbst zu sein.

Das Selbst bedarf keiner Kontrolle durch Trainer. Schon die mildeste konsultative Berieselung und der Rausch des Frei-Spiels im sensitivity training anästhesieren es. Das Selbst bedarf keiner Eintänzer. Man ist mit ihm Solist.

Die „Dynamik" geschichtsloser Gruppen ist so unaufdringlich wie das, was den Fels zur Wüste zerreibt. Native Gemeinschaften, die weniger durch Profi-Bindungen gemeinsamer Herstellung und Dienstleistung als durch elementare Bezüge der Sicherung von Nahrung, Territorium und Eigen-Art zusammengehalten werden, wahren dagegen in ihrem Denken eine Kraft der Konstruktion, die der Individuation clan-relevanter Funktionen und Haltungen breiten Raum läßt. Unsere „demokratischen" Freistil-Gruppen sind defektive Kümmerformen von Organisationen, wie sie Zeiten mit reifer Fähigkeit zu komplexer balancierten Typen menschlichen Zusammenspiels zustandebrachten. Gekonnte Riten garantieren unter Normen, die wir vermeintlichen Individualisten einer Spätzeit als „rigide" abqualifizieren, Freiheitsgrade für Einzelne, von denen Hunderte von Namen für Spezial-Rollen erzählen. Jene „Gruppen" schneiderten die Geschäftsordnung nicht nach der jeweiligen Tagesordnung zurecht. Man verstand sich nicht „dynamisch", man schritt voraussehbar und sang in jenem Takt, der Andere an sich zog. Der Götze des Fortschritts war noch nicht erfunden. Verbindlich war allein das Nächstliegende. Entstand ein Bedürfnis, ins Jenseits der eigenen Grenzen zu blicken, so ließ man einen Schamanen fliegen.

Muttersöhne

Man hört oft: Gehaßt sei, was amorph macht. Eine unkluge Formel, denn dem Konformierenden ist mit Haß nicht beizukommen, vielmehr mit doppelter Buchführung. Die Wege zur Konfirmation des Selbst werden nicht unter dem Geläut der großen Glocke einer selbstvergessenen Gegen-Ideologie gegangen, sondern im Alltagsgebimmel des Mensch-zu-Menschlichen, augenzwinkernd gewissermaßen. Das Gefasel von der intellektuellen Redlichkeit und der unheilvollen Schizophrenie unseres Denkens überlasse man gewissenlos Leitartiklern und Sozialpastoren. Man spiele den Statisten, die Charge oder den „Charakter“, welche von der Dynamis der Moderne gerade gewollt werden, aber au *Gründgens.* Sehnsucht nach solchen Manövern signalisiert Sympathie für Gestalten von der Machart Schweijks, Krulls, Stillers und anderer scheinaktiver Landvermesser. Wo Entfremdung dem Selbst aufgenötigt wird, liegt es nahe, es zu verfremden, indem man Masken benutzt, die es zu dekouvrieren scheinen.

Gewitzte Mütter geben Kindern ein Repertoire von Verhaltensweisen, mit welchem – so, so oder so – durchzukommen ist, ohne die eiserne Ration des Selbst anzutasten. Väter sind zumeist schon in Schablonen verzogen, wenn sie erziehen könnten. Sie predigen das Zusammennehmen und haben sich kaum je auseinandergefaltet. Daß sie ihren Kindern unwahrscheinliche Thesen andienten, trug zu ihrer Abdankung bei. Da zu erwarten ist, daß auch Mütter bald durch unterschiedlich typisierte soziale Brutkästen abgelöst werden, sollte man die letzten Exemplare Mensch mit Schalk, Schlitzohren und Mutterwitz in die Video-Recorder-Konserve bannen, um einer möglichen Nach-Welt den Flair ihres letzten Matriarchats zu vermitteln. Vielleicht lernt der eine oder andere an dieser Mitgift sich vor dem zu bewahren, das von ihm erwartet, einer zu sein.

Es ist schlimm, Menschen nach der Art von Glashäusern modeln zu wollen. Gelingen solche Versuche, so frieren sie unseren besten Besitz ein und beleidigen die innere Architektur. Wer sorgsam mit sich ist, lädt in sein Hinterzimmer nur geprüfte Vertraute. Bevor er sich dazu entschließt, hält er sich besten Gewissens im Zwielicht. Wenn er riskant ist, mag er seine letzte Falte vor einem Du heben. Er umgeht Beichtstühle, alte wie neue. Er mißtraut allem, was ihn „begegnen“ lehren will. Er schlägt das Gewand des monasteriellen Lebens um sich, wenn er dem ministeriellen sein Opfer gebracht hat. Sein Gehäuse setzt er dem, was ihn seinem Selbst entfremden will, ins Fell. Was ihn umgarnt, wo er sich weitet, wickelt er seinerseits ein. Er kokettiert mit dem, was sich einhellig vor ihm aufbaut. Dem Verwickelten schenkt er sich allmählich, wenn er abgeschätzt hat, daß sein Selbst darin Heimat findet. Langsam nimmt er das Nächste in sich auf: das Übernächste hat mehr als die doppelte Entfernung zu seinem Selbst. Er seufzt nicht nach kompakten Ferien vom Ich, denn er hält es tagtäglich auf Distanz.

Challenge

Die Prozesse, welche uns zu Verbrauchern stempeln, die ihrerseits von Produzenten gefressen werden, beackern die Theoretiker des Kapitalismus wie kaum ein Terrain. Dasselbe gilt für die Knechtschaft der vermeintlichen Herren der Produktion gegenüber den Produkten und denjenigen, die ihnen das Produzieren und die Produkte abnehmen. Man macht viel Wesens um die Würste des Geldes, des Prestiges und der Macht, nach denen die Menschenhunde springen.

Weniger fällt in die Augen, daß seit der Diktatur der Vernunft gegen Ende des Mittelalters ein Typ von Logik produziert wird, der die Menschen entstellt, indem er ihnen Sätze wie diejenigen von ausgeschlossenen Dritten, vom zureichenden Grunde usw. einhämmert. Solche Denk-Regulative tabuieren breite Erfahrungswege, die schließlich nurmehr in Tagträumen, Fehlleistungen, im Wahn und ähnlichen für unverantwortet erklärten Gangarten beschritten werden. Der Markt dieser einebnenden Logik ist die Kinderstube: Ein Ja darf nicht zugleich ein Nein bedeuten. Was gut ist, kann nicht böse sein. Motive für Wohltaten und Missetaten sind säuberlich zu trennen. Jede manichäische Spielart der Beziehung zu Gott oder den Göttern wird verpönt. Die religiösen Unterweisungen unterschlagen den Jesus der Apokryphen. Schlange und Taube ineins anzubeten, ist Sakrileg.

Vor Jahrzehnten wollte man von der formalen Logik zu einer solchen der Dinge durchbrechen, verlor sich aber bald in eine Theorie der Gegen-Stände. Jede neue Logistik versteifte die Grenze zwischen Erfahrendem und Erfahrenen. Die Neuzeit hat die Erfahrung des Menschen so verhunzt, daß *Freud* mit der Logik des Unbewußten und des Traumes ein Stück jener Welt wiederentdecken und mit armselig vernünftelnden Begriffen umschreiben mußte, die für Jahrtausende in Mythen und magischer Alltagspraxis gegenwärtig waren.

Die verdünnende Logik des Generalisierens, Abstrahierens und Subsumierens wird von den „Wilden“ ebenso gut gekonnt wie von uns, die wir uns ihr allein ergeben haben. Die Logik der Eingeweide, der Mineralien, der Gestirne, Gezeiten und Götter haben wir an Mythologen, Ethnologen und Gebrauchs-Künstler delegiert. Mit dem gekonnten Schauder der Überlegenheit genießen wir davon bei Matinéen und Vernissagen, in Museen und auf Folklore-Touren. Diese historische Amnesie, folgenschwerer als unser Vergessen der frühen Kindheit, begünstigt das Vorurteil, die Erfahrung der „Primitiven“ sei eine unreife Vorstufe der unsrigen. Beweise klaubt man aus der seelischen Entwicklung und ihren archaischen, animistischen und magischen Epochen. Dabei wird stillschweigend unterstellt, solche Erfahrungsstrecken würden in nachtwandlerischer Unabhängigkeit von den pausenlosen Dressaten der Umgebung durchlaufen. Man übersieht, daß jede rationale Entäußerung beim Kind durch die Umgebung verstärkt wird, während irrationales Agieren ohne Gegenliebe links liegen bleibt oder unter Strafe gestellt wird. Träume und anderes hyponoisches Treiben werden bald verleidet, und die Etikettierung jedes späteren irrationalen Agierens als unsinnig, als „verrückt" sorgt dafür, daß wir die Finger davon lassen.

Die Ratio-Verkäufer wissen so gut wie andere Markt-Manipulatoren, daß es nicht hinreicht, das eigene Produkt groß herauszustellen und ein korrelatives Bedürfnis zu suggerieren, um den eigenen Marktanteil zu steigern. Man muß überdies andere Produkte, die in verwandte Bedarfslücken passen, verteufeln, Segmente des Nachbarmarktes austrocknen, damit die eigene Ware nach dort überschwappt. Bei den Promotoren der rationalen Logik vom „Hexenhammer" des Institoris bis zur Lernmaschine der Gegenwart waltet ein und derselbe Terror der Durchsetzung einer halbierten Vernunft. Inzwischen hat es sich bei den Tyrannen und ihren Militärs herumgesprochen, daß mit den so Programmierten viel anzufangen ist. Den Produktions-Managern sind sie genehm, da sie wenig fasten und durch keine Phantasie darin gehindert werden, sich zu allem und jedem anlernen zu lassen. Als Konsumenten verbrauchen sie wahllos zunächst sich selbst. Das setzt abnutzbare Reste an Selbst voraus. An Gastarbeitern oder an Populationen, deren Amerikanisierung eben anhebt, lassen sich geradezu Utilisationsraten des Selbst ermitteln.

Das mündet in eine Anthropologie, die zwar das Schild freier Dynamik aushängt, aber den Menschen feststellen will auf das So-oder-so eines zumindest erwarteten, womöglich voraussagbaren Verhaltens, das ihn erniedrigt. Als Marionette garantiert er die Überraschungslosigkeit der Vielen, und wenn sich einmal der Tanz in ihm rührt, wird er degradiert. Schließlich wird er sich nach den Vorschriften verhalten, welche von einer praktizierenden Verhaltenswissenschaft erlassen werden. Sie halbiert den Menschen und choreographiert sein Mit-sich- und sein Mit-Anderen-sein nach einem Computer-Programm von Reizen und Reaktionen.

Das Wort „Herausforderung" ist in Mode; nicht von ungefähr. Die überspannte Nomokratie der unmenschlich gewordenen Verhaltenswissenschaften fordert die typischen Vertreter dieser Zeit dazu heraus, neue „Gesetze" in komplizierter werdenden Verhaltens-Kisten zu ermitteln und mit ihnen neue Verhaltens-Vorschriften. Selten wird empfunden, daß Herausforderungen dazu da sind, unbeachtet zu bleiben. Zumal derjenige, den man aus sich selbst herausfordert, tut gut, bei sich zu verweilen und zu übersehen, was ihn einpeitschen will.

Entzauberte Erfahrung

Kenner jener gewollten und ungewollten Manöver, mit welchen Neurotiker, Psychotiker und andere mit Minus-Zeichen bedachte Varianten der Species Mensch um Konflikte herumzukommen trachten, mögen bemerkt haben, daß manche der Rettungsstrategien des Selbst, die hier entworfen wurden, psychopathologischen „Abwehr-Mechanismen" ähnlich sind. Wer sein Ich verdoppelt, wer sich aus der planen Realität heraus-„dissoziiert", wer bedrohlich Scheinendes auf sich beruhen läßt, leugnet „Realität". Wer Anderen entschlüpft, indem er sich an ihre Stelle fingiert, macht „Identifikation".

In der Tat teilt der Selbst-Versessene mit den widerwilligen neurotischen und psychotischen Notabwendern des Ichs das Schicksal, ein Spiel zu machen, dessen Regeln von Vielen nicht anerkannt werden. Neben manchen Gemeinsamkeiten gibt es indessen Unterschiede. Einige lassen sich nur psychopathologisch begründen. Ein Exkurs dieser Art ist hier nicht die Absicht. Andere haben mit dem Verhältnis von Ich und Selbst zu tun und sind leichter einzusehen. Wer sein Ich protegieren muß, etwa gegen ein Es, das es zu überfluten droht, oder gegen konkrete Andere, die es verschlingen wollen, ist schon aus Bastionen geworfen, an denen ein Selbst noch sinnvoll verteidigt werden kann. Er ist sein Selbst bereits los oder ihm zumindest so entfremdet, daß es ihm nicht mehr zum Spiel mit dem Ich dient. Er ist in akuter oder chronischer Not und hinreichend beschäftigt, seinem Ich das Terrain des Hier und Jetzt offenzuhalten.

Wer sich selbst will, ist noch souverän. Er greift zwar zu ähnlichen Finten wie der Ichschwache – das Defensivarsenal der Menschen war und ist stets ärmlich –, aber er wählt andere Fronten. Er greift und optiert noch, wo der Ichschwache ergriffen und determiniert ist. Im Verhältnis zu diesem, der das Ich nurmehr mit Hilfe des Anderen – und sei es im ernsten Spiel der Psychotherapie – rekonstruieren kann, ist der Selbstische Alleingänger. Nur als solcher hat er seine kleine Chance.

Exzeptionelle Denker der Moderne predigen beharrlich den Einzelnen. Sie weisen dem vereinzelten Endlichen zugleich Wege zum Selbst-seinkönnen: Vergottung des Ich, Sprung in den Glauben, Waldgang usw. Seitdem die Philosophie Hörige der „positiven" Wissenschaften wurde, hat das aufgehört. Die Erfahrung klebt an den Sachen und möchte sich gleichwohl deren „Zwängen" entwinden. Der Akteur löst sich in der Atkion auf, sobald diese von der Logik als sach-determiniert erkannt ist. Das gilt auch für die Interaktion. Die Soziologie als Verwalterin dessen, was zwischen Menschen passiert, gebärdet sich wie ein Gewerkschaftler oder wie der Assistent eines Unternehmer-Verbandes und macht die „Entzauberung der Welt" zur Maxime ihrer Praxis. Wie ein Selbst am

Anderen jubelt oder geschunden wird, das glaubt diese Armutsdisziplin in Begriffe wie Mündigkeit oder Herrschaft, Schicht oder Klasse, Norm oder Rolle einholen zu können. Aber sie ist blind für den Alius, Proximus und Adversarius, wenn sie mit ihren Recherchen den Socius ebenso kontrollieren will wie biologische Recherchen den Bios.

Die Welt wird fortwährend beleidigt durch eine Erfahrung, die ihren Zauber ausläßt. Der Gegen-Zauber der Rationalisierung, mit dem es die Menschen soweit gebracht haben, kann nicht durch die Restauration alten Zaubers oder durch die Kreation neuer Mythen abgewehrt werden. Das ahnten schon die ironischen Köpfe der Romantik; das zeigt die Geschmacklosigkeit *Richard Wagner*s und *H. St. Chamberlain*s und das terroristische Denken *Alfred Rosenberg*s. Wer den Zauber unentbehrlich findet, wird ihn und sich selbst verkleiden müssen. Die Infamie des Profanen wird nicht verringert, indem man sie angreift, vielmehr indem man sie täuscht.

Das Selbst ist kein Götze, es trennt sich vom Ich wie der Blick vom Sehen, wie das Gespräch von der Information, wie der Sinn von den Sinnen. Es ist Organ des Aszendierens und Deszendierens von Geistern, die unterwegs sind. Was sie schweben, sinken oder fliegen läßt, ist nicht die Kraft aus Netzwerken, welche die Verhaltenswissenschaften mustern. Es ist Kraft aus dem Glanz des Seins, aus dem Blick eines Gegners, aus dem Tanz vor einem Gott.

Selbstlosigkeit als Trug

Die Entstellung dieser Welt und ihrer Menschen wird kaum mehr wahrgenommen. Unser Sehen hat die Entstellung schon in sich. Es ist Teil ihres Systems. Wer seine Sinne quertreibt zur Zeit, sieht dem Entstellenden in die Karten. Wer das Entstellende definiert, streicht der Zeit gegen den Strich.

Über Jahrtausende hat der Mensch Mächte oder Magie, Oberwelt und Unterwelt erfahren wie seine Hütte, den Herd oder den Hammer. Überrauschte ihn die Phantastik, so griff er zum Instrument Ratio und kanalisierte den Zauber in Riten. Die letzten Jahrhunderte wußten es besser. Sie arbeiteten das Imaginäre in handfestes Diesseits um. Die Einpeitscher und Büttel dieser Arbeit wurden die Hohenpriester der Neuzeit: ihre Geschichtsphilosophen. Sie spannten den unruhig-progressiven Glauben der Christen vor ihr Denken und fälschten Historie zu fortschreitender Heilung des Menschen um. Chiliastisches Erwarten wurde soziales Engagement. Die Menschenherde funktioniert, seit sie auf das Prinzip Hoffnung umgestellt ist. Das zeigen die säkulären Anstiege im Bruttokulturprodukt, in den militärischen Tilgungsraten, im Verbrauch von Weltanschauungen usw. seit 1600. Der historische Basalstoffwechsel liegt bei Basedow-Werten, und jedes Jahrfünft befehdet eine neue Generation die vergreiste vorige. Nie haben Menschen einander so verschaukelt wie jetzt.

Die Anzahl der Hilfsgesetze für Benachteiligte, Minderbemittelte und Behinderte jedweder Art ist Legion. Aber Dreiviertel von ihnen sind in den Wind gesetzt, da sie nicht verstanden werden können von jenen, denen sie gelten. Die Irrealität solcher Gesetze wird von ihren Machern mitkalkuliert, denn die Staatshaushalte platzten, wenn sie verwirklicht würden. Die öffentliche Luft qualmt in frommer Denkungsart. Er quillt aus den Lautsprechern, diesen Kesseln der Selbstbeweihräucherung, und den tausend Pfeifen, gestopft mit den Opiumkugeln der Wohltaten vieler. Man glaubt den Menschen in die Höhe zu treiben, indem man ihn in die Breite seines Habens auswalzt.

Diese Zeit, die ihre Kinder dazu anhält, selbstlos zu sein, zumindest es zu werden, verständigt sich mit ihnen hinter der vorgehaltenen Hand zugleich darüber, daß der Verzicht aufs Habenwollen die Katastrophe ihrer Karriere bedeutet. Die Predigt von der Verworfenheit des habgierigen Ego ist die vulgäre Gestalt der Diskreditierung des Selbst. Von der Brust und der Nähe der Mutter bis zum Brot, zum Gold und zur Macht reichen des Menschen Habseligkeiten. Er umgibt sich mit ihnen wie mit Schutzwällen, und die christlichen Eiferer der Besitzlosigkeit oder ihre sozialen Nachfolger wollen ihm den größten aller Verzichte einreden: ein idealer Habenichts zu werden, dessen Eigentum im Himmel oder bei der Sozialversicherung wohl deponiert ist. Seine letzte, stumpfe Waffe soll er fortwerfen und als Nummer ins Arsenal der Moloche eingestellt werden. Einen Schritt noch und er hat sich vergessen. Man reicht ihm ein Käppchen, einen Beutel für das Brot des Tages, die gerade gängige Bibel mit dem Ausgezehrten, dem Bärtigen oder dem Pausbäckigen.

Kulturen wie Unkulturen lassen sich nur beschreiben, nicht deduzieren oder nachkonstruieren. Ihr Außen ist zugleich ihr Innen. Sie dehnen ihre Glieder in die Breite, und das fängt nur eine Erfahrung ein, die ebenso breit verfließt: die Deskription. Das Denken, geizig wie es ist, möchte die Sachen, auf die es zugeht, am liebsten auf die Flaschen seiner Perspektive ziehen. Das geht bei harten Sachen mit ermeßbaren Lineaturen an. Was seine Beflissenheit und sein Gemächte aus dem Menschen und seinem Territorium macht, gehört zu den weich verfließenden Sachen und erwartet eine Erfahrung, die geduldig ist wie ein Beerenleser.

Die Miseren dieser Zeit „ableiten" zu wollen aus Selbstvergessenheit oder was immer, so wie sich ein Fallwind herleiten läßt aus dem Wärmeunterschied von Berg und Tal, ist schwerlich möglich. Geschichte kennt keine Sündenböcke. Sie ist fühllos gegen die eigene Miserabilität. Die Erfahrung muß sich diesen Miseren anbequemen und ihre Bemühung als

Dialog mit der Geschichte formulieren. Der Vorgang ist so widerspenstig und unvoraussehbar, wie wenn steinige Wege im Dunkel barfüßig genommen werden. Die schmerzhafte Unregelmäßigkeit des Schreitens der Erfahrung verrät den Eigen-Sinn der beschrittenen Sachen und gibt Zeichen ihres Seins.

Gelehrte und Heiler

Die Heutigen meinen zumeist, Kultur drehe sich um den Menschen. *Copernicus, Galilei* haben unsere Sinne mit der Zumutung gekränkt, im All abseitig und unter anderem zu sein. Wir revanchierten uns mit einem Anthropozentrismus der Kultur, wie er vor der Entdeckung unserer Heliozentriertheit seinesgleichen nicht hatte.

Die Priester raten uns, sonntags zwischen neun und elf Christus in den Tank zu packen. Der Rest des Tages entspricht diesem Angebot. Sie preisen uns den Glauben als bestgefedertes Sprungbrett zu Gott. Ihre Liturgie wird zum happening. Ihre Angst gilt dem leeren Haus, und sie haben es verlernt, der Gemeinde den Rücken zu kehren, um ihr Gesicht im Blick der Götter zu sammeln. Im Vestibül ihrer Kirchen hängen Stechuhren für die Novizen. In ihren Wanderbeuteln klingelt der Groschen des kleinen Mannes, Tausendstel der Dividende klerikaler Kapitalien. Ihre Hallen halten sie so hell, als ob es sich mit den Göttern wohnen ließe. Sie sind im Falle, Zuhälter des Numinosen zu werden.

Die meisten unserer Künstler partizipieren am Babel dieser Zeit. Sie treiben einen vierhundertjährigen Irrweg der Kunst in seine letzten unbegehbaren Verzweigungen. Kunst ist nicht Psychographie verdrängter oder etablierter Sentiments, nicht Soziographie von Verelendetem oder Wohlgefälligem, nicht Ersatz für die rituelle oder profane Aktion, nicht Vermittlerin des Schönen. Seit dem profanen Tafelbild, der Tafel-Musik, den ersten Romanen und bürgerlichen Dramen hat Kunst sich als Claqueuse oder Auspfeiferin der Premieren der jeweiligen Epochen bestellen lassen. Sie ist eben dabei, Abstruses und Obszönes in fade Serien zu bringen. Und wenn „Kunst" agiert wird, indem man nackt dasteht, vom Blut des Tieres berieselt, das nebenan verendet, so wird damit der Gestus eines Opferns ohne Gegenüber vollzogen: eine Perversion, welche der Sucht der Zeit nach Schau um ihrer selbst willen antwortet. Der hochgereckte phallische Haken archaischer Idole war ein Zeiger und beschwor Fruchtbarkeit. Seitdem er die Kartons und Kassen der Kunstvereine füllt, umhüllt man Felsen, Hochhäuser und andere Erektionen draußen mit weißen Laken. Aber die Dinge haben längst aufgehört, sich unserer zu schämen. Es liegt kein Sinn darin, ihnen das Feigenblatt weiterzureichen.

Unsere Gelehrten haften nicht mehr, weder an dem, was sie für wahr halten, noch für das, was sie dozieren. Der Staat hat die Freiheit seiner Mathematiker um das Linsengericht von Wählerstimmen verhökert; seither sind die Wissenschaftler nicht haftende Gesellschafter, käuflich wie diese und auf Tantiemen bedacht. Die Polit-Funktionäre ziehen in die almae matres ein, Forschung wird von Kommissariaten kontrolliert, die Lehre von Ausschüssen, und das wirkt nicht anders als dort, wo die Sonne wächst. Aus besetzten oder eingefärbten Zeiten und Ländern kennt man die Zweigleisigkeit der Sprachen: die geregelte in den Seminaren und Korridoren, die geflüsterte des kollegialen tête à tête. Profeß abzulegen, ist weder gefragt noch ratsam. Das Mißtrauen gegen den Einzelnen ist in System gebracht. Wo entschieden wird, geschieht das außerhalb von Anspruch und Verbindlichkeit. Der Steuerzahler läßt sich dies Training seiner 1a-Jugend manches kosten. Die teuren Trainer sind zwei Drittel ihrer Zeit damit beschäftigt zu ermitteln, wer wem welche fachliche Gehirnwäsche appliziere, wie der Erfolg, wie der Trainer selbst und wie der Trainierte zu kontrollieren sei usw. Überhaupt, daß Vertrauen gut, Kontrolle aber besser sei, lernte die Welt vom großen Georgier. Wissenschaft geschieht ab jetzt „im Auftrag".

Sie an die Kandare zu nehmen, war ohnehin unvermeidlich; denn sie hatte ein falsches Ansehen. Sie gab sich als Instrument zur Herrschaft über Seiendes, insbesondere physisch Seiendes aus. Der Verfall an ein technokratisches Verständnis ihrer selbst hat sie unheimlich gemacht. Doch die Gesetze, in die man sie jetzt zwängt, werden und wollen sie aus dem Pakt nicht mehr lösen. Die Wissenschaft wird den Pakt erfüllen, schwerfälliger als zuvor und mit jener hinnehmbaren Verzögerung, die überall eintritt, wo ein Plansoll gesetzt ist. Sie ist der Bulldozer, der den Heutigen den Weg zum heißen Grab ebnet.

Die es trifft, werden nach allen Regeln hygienisch und kosmetisch aufbereitet sein. Sie sind nahezu keim- und krankheitsfrei und von beträchtlichem Durchschnittsalter. Sie haben ihre Geburten geregelt wie ihren Geist. Sie wollen die große Schau des Endes miterleben, denn sie können längst nicht mehr anders als überall dabei sein. Nur eines bleibt so wie am Anfang und wie es immer war: daß sie selbst es sind, die der nukleare Todesengel meint, erfahren sie erst, wenn er sie umarmt.

Es ist naiv, diesen Todesmarsch stoppen zu wollen. Mit wissenschaftlich verbrämter internationaler Hygiene, antiautoritärer Dressur, Bewußtseinsexpandern, Mitbestimmung aller bei allem und Massen-Sex. Man ruft Geister als Nothelfer, die von demselben Stamme sind wie das Zerstörerische. Vor dem Engel erstarren, Asche auf sich häufen, eine Kehre machen zu sich selbst, wem liegt das noch?

Jede Zeit hat ihre Orakel, ihre Schamanen, Anachoreten und Derwische. Stets waren sie die Scheide-Künstler, die eine bedrohliche oder verheißungsvolle, in jedem Falle opake Welt ordneten, sie durchschaubar und in Teilen verfügbar machten.

Die heutige hält sich geordnete Armeen von Berufsheilern, und diese bestehen eifersüchtig darauf, daß die Zustände erhalten bleiben, für welche sie kompetent sind. Da sie wissen, daß Alternativen von ihnen erwartet werden, Normen, um das Unheil vom Heil zu scheiden wie der Wind die Spreu vom Weizen bläst, sind sie bemüht, solche zu liefern. Politische Heils-Armisten lehren die Zeichen, nach denen das Westliche vom Östlichen zu sondern ist. Die religiösen Heiler geben an, was die weißen von den schwarzen Schafen trennt. Die Mediziner haben die regemäßigen und unregelmäßigen Größen der Physis ermessen, und die Ärzte entscheiden, was vom Leib brauchbar, was unbrauchbar ist. Pädagogen trennen Mißratenes von Gefälligem, Polizei und Justiz kennen Schuld und Unschuld auseinander. Allein die Soziotechniker schwanken noch, wenn sie die Differenz des Passenden und Unpassenden machen sollen. Es irritiert, daß häufig Unheil von solchen angerichtet wurde, welche ihrer Zeit offenbar paßten, während sie die Unpassenden vergaste, sie als überzählig bestimmte oder zu Brunnenvergiftern stempelte.

Bei den Soziotechnikern, diesen jüngsten Mitwirkenden der öffentlichen Scheideanstalten, wird offenbar, was die etablierten Heils-Experten lange verdeckt halten konnten: die Gleichungen von passend und heil oder unpassend und heillos gehen nicht auf, so sehr auch propagiert wird, dies anzunehmen. Man ist klug genug, die Grenzen zu den Unpassenden so zu verschieben, daß diese eine brauchbare Minorität abgeben. Diese Klugheit müssen die Heils-Experten als ein Sachgebot ausdrücken, damit sie nicht zu fadenscheinig wirkt. Wenn die Norm-Grenze verschoben wird, so als Resultat neuerer Experten-Einsichten. Jeder von ihnen kennt diese Situation: die fachliche Erfahrung zu quälen, damit sie Schritt hält mit dem Bewußtsein der Zeit. Der Gesunde von gestern wird zum Kranken von heute für den Vertrauensarzt, wenn er einen Neurotiker vor sich hat. Der Schuldige von gestern wird zum Unschuldigen von heute für den Richter, vor dem ein Homosexueller steht. Der Universitätsaspirant von gestern wird zum Bildungs-Paria von heute für den Pädagogen, der die Abiturnote macht. Der Sozial-Experte macht den Situierten von gestern zum Armen von heute, wenn er an den Sollwerten des Einkommens dreht. Der Polit-Spezialist hat den Krakeeler von gestern als Präsidenten von heute zu rechtfertigen, wenn der Putsch gelang.

Diese Expertisen des Schein-Heils helfen demjenigen nicht, der die wahren Gesichter vom Heil und Unheil sehen möchte. Und er erkennt sie erst recht nicht im Gleiten der öffentlichen Meinung. Diese Meinung ist mit Notwendigkeit blind für die Möglichkeit, daß zum Heil beiträgt, was ihr unpassend scheint, und daß das Heile unterminiert werden kann durch Passende. Was Heil und was Unheil sei, hat der Einzelne mit sich ins Reine zu bringen. Bezieht er sich entschieden auf sein Selbst, so sind die anderen Selbste in diesen Vorgang reiner vermittelt, als wenn er sich unmittelbar auf sie bezöge und sie so zu Idolen seiner selbst machte. Über Heil und Unheil wird nicht auf Märkten gefeilscht. Auch Experten werden dabei nicht gehört. Man verweist sie in die Vorhallen seiner selbst. Die Nur-Experten, deren Selbst von ihrem gefräßigen Hirn verschluckt wurde, gehören vor die äußerste Türe.

Den einsamen Herren seines Selbst beschleichen zuweilen Gestalten, die sich zur Politur des Selbst anbieten: Heilige der letzten Tage, welche den Anspruch machen, Spezialisten für Selbste und nichts anderes zu sein. Sie säuseln von den archaischen Typen des Menschlichen und haben aus dem Selbst ein System gemacht. Oder sie preisen ein Erdachtes Selbst-sein als neue Echtheit an, so als müßten die vielgestaltigen Räume des Selbst einheitlich eingefärbt werden. Oder sie erzählen die Geschichte von der Teilung des Selbst in ein Ober- und Unterstübchen und raten zur Otomane, auf welcher das gesprungene Selbst geklebt wird. Andere raten zum Gang in die schwarzen Wälder und wollen dort die Ehre des Selbst retten. Wieder Andere wollen das Selbst einholen in den Traum von verlorenem Paradies und sie schwelgen in der Trance des fernen Ostens oder eines geweiteten Bewußtseins.

Einmal erkannt, sind solche Heils-Apostel leicht zu distanzieren. Leutseliger läßt es sich sein mit den Heimatfreunden und Wandervögeln, mit den freien Maurern und anderen Clubs, die am Selbst bosseln wie die Heiligen-Schnitzer am Corpus. Sie lehren allesamt das Herz im Hintertürl, und das ist immerhin zu schätzen.

Mit sich selbst ist jeder potentiell herrlich. Besitzer eines Selbst ist er nur, indem er von ihm besessen wird. Er ist nicht Herr seiner Selbst, aber dieses läßt ihn herrisch sein mit sich.

Griff und Gruß

Bis die Sache zu ihrem Recht kommt, die der Andere zuträgt, sind die Figuren der Selbstachtung abzuschreiten: der Gruß, der seinem Selbst gilt wie dem meinen, indem er uns unter den Blick eines Dritten rückt; das Wasser, nach dem Maß der Mühsal seines Weges; das Bad, das seine Gestalt aufscheinen läßt. Da ist das Geleit zum Sitz, der ihm Sicht gibt auf unsere Züge. Und während der Speisung tritt der Ruf nach Gesundheit für ihn und die seinen in die Lücken des Schweigens. Da nennt er sich bei seinem Namen und empfängt den meinen. Ich frage nach seinem Weg, und wir tauschen uns aus über die Herde, den Acker, über die Feste der letzten Zeit. Die Sache, die zu mir getragen wurde, eine Botschaft, der Gruß eines Fernen, ein Geschäft, sie wird, so gerahmt, was sie ist: Same des Gespräches. Dies gilt nicht minder, wenn wir uns als Gegner erkennen, wenn wir uns den Kampf ansagen und uns verstellen nach den Regeln des Gefechts oder des Handels.

Die Heutigen leben in der Meinung, sie hätten sich das Zeremoniell erlassen. Aber es ist das Zeremoniell, das sich von ihnen abkehrt. In die Lücken wuchern verunstaltete Praktiken, in denen sich nicht Anerkennung der Nähe zu den Göttern, sondern Vermutungen über eine Stellung ausdrücken. Im „Protokoll“, in der human relations-Party, im Kontakt-Gespräch oder im anonym finanzierten Symposion wird kein Stand sichtbar gemacht. Man bezieht vielmehr Stellung und hält diese, indem man den Unhold „Rolle“ brüllen läßt oder die Katze „Sache“ aus dem gesteiften Flugkoffer, damit sie den Anderen mit Argumenten kratze.

Belehrung im Umgang mit Wahrscheinlichkeiten, Mengen, Konservierung und den anderen Problemen, die dem Menschen seit dem Sündenfall gestellt sind, ist zur Ausschreitung geworden und nicht mehr eingeschränkt auf das, was vom Alltag die Not abwendet. Wer aber weiß und lehrt noch das Schreiten, die Gesten des Morgens und die des Abends, die Laute der Liebe und wie die Hand über die Augen zu heben sei nach dem Abschied, wenn der Gast noch sichtbar ist in der Ferne?

Freilich, gestorbenen Riten ist kein neues Leben zu geben. Perlen, auf denen lange Zeit kein Blick lag, verlieren ihren Schimmer, und Zucht von Zeremoniellen setzt ein Pathos voraus, das zu Recht nicht geglaubt wird. Man braucht den Brauch nicht, wenn der comme il faut geworden ist. Gebraucht wird der verlängerte Griff des Technikers, der das Dunkel des geknickten Gestells herausfordert. Er greift ebenso ins Künftige wie die Gebärde eines Propheten, und er ist nicht schlechter in sein System gefügt als der Kentaur in jenes Fries, das Jahrtausenden Licht gibt. Griffe wollen nicht besungen sein. Dem steht nicht entgegen, daß Traktoristen trällern und daß dem Mann in der Tiefe, der ein Flöz treibt und sich die Stempel zurechtsägt, Laute der Last zu Liedern werden. Was ihr Tun – möglicherweise – Gesang sein läßt, ist nicht die äußerste Entfremdung dieses Tuns in der Ideologie eines Intellektuellen, eines Priesters oder Dichters der Arbeit. Was die Hantierungen der Frauen am Fließband in jene Rhythmen trägt, über welche Soziologen sich wundern, ist nicht der Drang, den Zwang der Monotonie abzuwerfen, nicht gebündelte Aggressivität gegen die Herren der Konzerne, nicht Abgleiten in kindische Lust an der Funktion von Gliedern. Es ist fahles Erinnern an Gebärden, die den Menschen schmückten, wenn er sich dem rituellen Tanz ergab.

Das Selbst des Menschen: ein Ornament des Seienden? Mag sein, daß es sich lohnt, ihn abzuklopfen, wenn er träumt. Vielleicht fällt ein Vergessenes aus ihm, das Mörtel hergibt für Mauern, ihn mit seinem Rest einzufrieden.

12. Professor im Feuerofen

Die akademischen Telegraphen ticken wieder: Klinik vakant . . . Lehrstuhl frei . . . Klinik vakant. . . Der alte Chef ist gegangen worden. Man hat's ihm gründlich verdorben, das Liebäugeln mit dem Siebzigsten. Sein Lehr-Thrönchen steht leer.

Im Vakuum gedeiht indessen die Sterilität. Laßt es uns nutzen, das Interregnum! Zerteilen wir diesen alten Klinik-Kasten! Der Stuhl steht leer, ergo: jedem sein Lehrstühlchen, sein Melk-Schemel, sein Renommiergeschwader an Assistenten. . .

Wie dekliniert sich doch Eigentum? Ich mir, Du dir, Er sich. . . Und dann: Pläne her. Der Senat ist groß, der Minister weit. Werden sich wundern, was für Forschungsvorhaben wir vorhaben. Daß es weniger Stühle im Haus als beantragte Stellen gibt? Tut nichts, der Klinikschreiner zimmert neue. Drei Assistenten pro Patient auf zwölf Quadratmetern, das ist der Goldene Schnitt der Medizin, die neue hippokratische Proportion. Die Überzähligen werden zum Research-research-research-Center in die Staaten geschickt, macht sich immer gut.

„Verehrter, lieber Herr Kollege! Sie haben sich für den ausgeschriebenen Lehrstuhl an dieser Klinik beworben. Der Berufungsausschuß hat Sie in die engere Wahl gezogen und bittet Sie um einen Vortrag, damit die Mitglieder sich über Ihre fachliche Eignung hinaus ein Bild über Ihre persönliche und didaktische Qualifikation verschaffen können.

In der Anlage sende ich eine Plan zur Departmentalisierung der Klinik, den der Ausschuß in einem Colloquium nach Ihrem Vortrag mit Ihnen diskutieren möchte. Sie ersehen daraus, daß der Professur, um welche Sie sich bewerben, im Rahmen unserer dezentralisierenden Ordinariatsplanung die Abteilung 13 der Klinik zugeordnet ist. Freilich steht die Zustimmung des Senats und des Ministers zu dieser Planung noch aus. Sie wurde durch unsere Strukturkommission erarbeitet und entspricht nach unserer Auffassung zeitgerechten Erfordernissen der Kooperation von Hochschullehrern in Kliniken.

Sie werden verstehen, daß diejenigen Mitglieder des Berufungsausschusses, welche zugleich Mitglieder der Strukturkommission sind und den o. a. Plan entwarfen, ihr Votum für einen Bewerber davon abhängig machen werden, daß dieser sich zu dem Plan bekannt und ihn seinen Berufsverhandlungen voraussetzt.

Sie werden für Donnerstag zum Vortrag in den Hörsaal der Klinik gebeten. Redezeit: 45 Minuten. Nach der anschließenden öffentlichen Dis-

kussion, welche die Dauer von einer Stunde nicht überschreiten sollte, findet ein nicht-öffentliches Colloquium mit den Mitgliedern des Berufungsausschusses statt. Vorsorglich weise ich darauf hin, daß die Diskussionen und Colloquien im Rahmen vorangehender Vorträge anderer Bewerber in der Regel gesprengt wurden. In diesem Fall wird die Ausschußsitzung an geheimem Ort stattfinden.
Mit ausgezeichneter kollegialer Hochachtung
Ihr Prof. X."

„Lieber Kyrill, Du bist nun für Donnerstagabend zum Vorsingen bestellt. So sehr ich mich freue, daß Du Dich für die Nachfolge unseres guten Alten beworben hast, so wenig beneide ich Dich um Deine Rolle. Der Alte war ziemlich geknickt in letzter Zeit. Kein Wunder: Kollegs gesprengt, Polizei im und ums Haus, Sprücheklopferei an allen Wänden, Eier flogen, noch keine Eierhandgranaten. Der Ausschuß ist ziemlich klobig. 64 Leute, jede Couleur vertreten.

Es wird wieder heiß hergehen. Ich rate ab zu sagen, was Du denkst und hier tun würdest. Machen wir hier schon lange nicht mehr. Es geht ohne soziale Schwielen nicht ab, wenn eine Gelehrtenrepublik zur Räterepublik umfungiert wird. Sag' jetzt bitte nicht, wir hätten uns das anders vorgestellt, als wir 1945 die Bank der Abiturklasse gegen den Schemel im Seziersaal tauschten. Wir wären in ihn nicht hineingekommen, hätten wir nicht zuvor den Asta-Vertreter im Zulassungsausschuß mit dem Fetzen Offizierstuch bestochen, den die Briten den Landsern gaben am Ende der Gefangenschaft.

Die Radikalinskis hier wollen natürlich Professor Rot. Er hat letzte Woche vorgesungen, vorher jede Menge Flugblätter. Du kannst mir glauben, er hat keine Chance, schlimmstenfalls dritter Platz, dient nur als Alibi, wie man so sagt, damit sie uns hier nicht zu viel Rabatz machen.

Bring' mal so etwas wie einen Perspektivplan mit fürs Colloquium mit einem Katalog interdisziplinärer Projekte. Das macht sich immer gut und verpflichtet zu nichts. Aber sonst, mit der Diskussion mach' Dich auf was gefaßt. Die reden Dich glatt aus dem Anzug, wenn es überhaupt so weit kommt. Nein, fachlich nicht, nur politisch. Du weißt doch, eine Handvoll Soziologen und Politologen genügt, um einen tumben Medizinprofessor abzuschießen.

Also, leg' Dir mal was zurecht. Und wenns nicht anders geht: „No comment". Trotzdem, laß' Dich nicht bange machen. Nein, ich hole Dich nicht ab. Könnte so aussehen, als ob. . .
Toi, toi, toi!
Dein Y."

„Ach, Verehrtester, heißer Abend heute. Zum Hörsaal geht's hier durch. Ja, eben fertig geworden, faßt 150 Personen, jetzt sind 400 drin. Nein, hat keine Fenster, macht man ja heute nicht mehr. Bei den Mittags-Kollegs liegt die Kollapsrate in den oberen Reihen bei 10%. Man hat dann was Reflektierendes aufs Dach gepappt, nutzt aber nichts. Also, bleiben Sie bitte hier im Vorraum. Ich geh' zuerst allein rein und verhandle mit denen übers Procedere. Nein, Ausschußmitglieder sind kaum mehr dabei, völlig sauer, zu oft abgepfiffen worden, kommen erst zum Colloquium. Was ich noch sagen wollte, Patienten sind auch da, jede Menge. Sie merken's schon am Fragen. Haben ja jetzt „dialektische Medizin": der Patienten-Knecht knechtet herrisch den Klinik-Herrn. Sie kennen den Trick ja. Also, wenn's zu arg wird, blase ich ab."

Zum Schneiden die Luft, Manege, Spießruten-Atmosphäre, beißender Geruch akademischer Hyänen. Lieber gleich wieder raus. Prärie von Büscheln und Bärten auf den Rängen und im Steh-Spalier. Wo Gesichter sein könnten, sperren sich Ismen von Ohrloch zu Ohrloch.

Vorn, blaß, geduckt, die Perioeken-Faust im Nacken: die Etablierten, den bibbernden Humboldt im Unterstübchen.

Praeludium und Vita. Dann wird der Vorsitzer abgebrüllt. schuldig gesprochen, Schuldigkeit getan. Sechzig Zentimeter Stehfläche im Geviert für den Vortragenden. Immer noch zweimal mehr, als die im Todeswaggon hatten.

Was bat mich doch kürzlich unser Ornithologie-Professor (aus Krakau gebürtig), als man die Kandidatur zum Dekan von ihm erwartete? „Schreiben Sie mich krank, Kollege. Seit mich die Hörer in ihre zweidimensionalen Denklappen wickeln wollen, hab' ich Angst vorm Dekanat. Am Katheder stößt mir mein Mauthausen auf. Bin allergisch geworden gegen Terror. Sie verstehen das, Kollege Citoyen. Treiben Sie einen Stollen in meine Eingeweide, kleben Sie mir einen Zettel auf ‚vegetativ', und man läßt mich in Ruhe: sozial geschädigter Professor. Sie wissen . . ."

Es rattert die Vortrag-Haspel, klemmt nicht mal, wenn Wortknüppel zwischen die Zähne geworfen werden: „Schwachkopf, Idiot, hau ab." Bespuckt mir nur den Scheitel. Über uns alle hinweg redet schon lange der große Mandarin. Eine kleine Weile läßt er uns diesen Spiel-Platz noch. Aber unmerklich tragen wir schon seine Sänfte.

Diskussion: „Politisch? Fachlich? janeinneinjaneinneinneinnurpolitisch, klassistisch. Klar, Fach ist Mist. Bücher haben wir hinter uns verbrannt."

„Wo stehst du, Professor? Wie stehst du, Professor? Wie lange willst du eigentlich noch stehen, du Bulle deiner Alma mater? Jetzt haben wir Standrecht im Hörsaal. Von uns aus, steh' dich durch, aber tu nicht so, als tätest du's unsretwegen. Zu Stuhle kommt, wer steht, durch und durch.

Jetzt sind wir im Gestühl und richten tausend Strahler auf dich. Blinzle nicht, du bist sonst geliefert.“

Was sangen die Böhmischen Brüder? „Dem G’lehrten hilft doch nicht sein Kunst / Der weltlich Pracht ist gar umsunst / Wir müssen alle sterben . . .“

„Leg’ Profeß ab, Professor. Heute bin ich dein Profos. Morgen mach ich dir die Betten, die privaten und die anderen. Wieviel Betten willst du? Soviel du selbst belegen kannst? Okay, zu mehr wollte ich dir auch nicht geraten haben. Wir haben andere, die’s billiger tun.“

„Behandle uns, Professor, uns, deine Patienten, wann und wie wir wollen. Mach’ mit uns Marsch-Therapie, mach’ die langen Märsche mit uns, die wir so lieben. Mach’ uns die Cour mit der roten Fahne. Erinnerst du dich ihrer nicht mehr? Das schwarze Dreieck am Nacken deines Vordermanns? Egal, was drauf ist auf ihr, Hauptsache: Unsere Fahne ist die neue Zeit, Trip in die Ewigkeit. Klar, mehr als der Tod.“

Rednerliste geschlossen. Ofen aus.

„. . . Und sahen, daß das Feuer keine Macht am Leibe dieser Männer bewiesen hatte, und ihr Haupthaar nicht versenget, und ihre Mäntel nicht versehret waren. Ja, man konnte keinen Brand an ihnen riechen.“

13. Die Sensitiven

Neulich abends bei den Artigs. Zunächst alles etwas steifleinen. Den Herumsitzenden vorgestellt. Waren sichtlich erleichtert über die Unterbrechung. Danach hingen die Gesprächsenden wieder schlaff im Zimmer herum, obwohl die Gastgeberin zart auf das Gekleckste aus der letzten Vernissage hinwies, trotz Apéritif, trotz Anspielung auf Frau Mutigs riskantes Decolleté beim „Lohengrin" gestern abend. . .

Bis dann die Üblich kam, deren Mann abends immer noch arbeiten muß, und zehn Minuten später die Absichts. Mit einmal war alles so glitzerig. Überhaupt machten die neuen Gäste sich so anders als sonst, so frisch lackiert. Das ging selbst in die Gläser, wie sie die so anhoben und einen dabei anschauten, als wären ihre Augen Löcher, nur noch offen. Wie die Absichts das nur fertiggebracht hatten, mit einmal so geradeaus zu sein, wo sie doch immer so drucksig getan hatten.

Und was sie für Sachen auftischten. Daß man jetzt Zäune und Hecken abreißt zwischen den Grundstücken, weil die Menschen sich nun doch näher kommen und so. (Was man für Ärger mit Nachbars Hunden kriegt, und daß man kein Laub mehr über den Zaun werfen kann und keine Stütze mehr hat für den Ellenbogen, wenn man mit Ärgerlichs die Gegenübers durchhechelt, davon sagten sie kein Wort.)

Bis es dann herauskam, wo die neue Art her war. Die Artigs hatten die Üblich wegen ihrer neuen Frisur ausgehorcht. Sie war doch sonst immer streng nach hinten gewesen, so als sollte man nicht draufkommen, daß sie trinkt und früher alle vier Wochen nach Frankfurt fuhr zu einem, der Jurist ist und geschieden und sich mal von ihr pflegen läßt, bis das auch aus war. Also da ist sie dann durch ihren Arzt (der war auch schon mal da, als er seinen Infarkt gekriegt hat) auf Schloß Grundab gekommen: Yoga, transzendentale Meditation, wissen Sie, und abends bei Kerzenlicht eine Lesung, vom Grafen persönlich, versteht sich. Lauter distinguierte Leute, so edel, hochinteressant, alles mit Staatsbeihilfe natürlich.

Ja, und seither trägt sie die Haare zurück, daß sie dadurch nicht gekitzelt wird, wenn sie Kopf steht oder ihren Nabel beschaut, bevor sie durch ihn hindurchkriecht, dem All direkt in den Bauch. Wie sie das so sagen kann, die Üblich, und wie rund ihre Augen dabei werden, wie bei den Heiligen Kühen, wenn sie im Ganges stehen und reihenweise nordwärts zum großen Gebirge äugen.

Bei den Absichts war das wieder ganz anders. Bei denen waren die Augenlider überflüssig geworden, und wie die jetzt alles anfassen konnten. . . Was auch in ihre Nähe kam, gleich wurde es getätschelt, ob das nun Artigs Pekinese war, das eingezogene Grübchen am fleischigen Ellenbogen der Üblich oder die verspeckte Lehne des Sofas. Ob die vielleicht schon Schwielen hatten vom vielen Tasten? Und wie man das wohl macht, die Handteller so genüßlich zu kriegen, daß sie alles belecken wie Zungen?

Auf eine schicke Tour, wie sich dann herausstellte. Zunächst waren sie zusammen ins „Verbal" gefahren, in den „Dukatenhof", am Talende oben, von wo man bei gutem Wetter mit dem Einmarks-Rohr die Gemsen sieht. Was? Ja, Sensitivity Training, wissen Sie: Ein-Übung in die feineren Gefühle. Nein, natürlich kein Benimm-Kurs, Pappritz oder so was. Wir brauchen's ja heute andersrum: enthemmt sein ist alles. So waren auch die Absichts draufgekommen. Ihre Ehe war so am Kriseln, daß sie sich zuletzt nur noch gepiesackt hatten von morgens bis abends, und das aus lauter Hemmung, wie sich dann herausstellte. Kurz und gut, eine Annonce im „Industriekurier" hatte sie auf den Trichter gebracht, und als Herrn Absichts Abteilungsdirektor vor vier Monaten nach vier Tagen Extra-Urlaub so aufgekratzt zurückkam und gemunkelt wurde, man hätte ihn auf Firmenkosten psychologisch aufmöbeln lassen, um den Verkauf anzukurbeln, da war für die Absichts die Sache geritzt. . .

Das Verbal Lab buchten sie natürlich „Marathon". Wenn schon Seelen-Massage, dann als Long Drink. Was da verzapft wurde von den Trainern, selbstverständlich gastronomisch pickfein garniert, ging den Absichts zwar hier und da über den Strich. Sie räumten das ein, so gekonnt aufrichtig, wie das einem da oben wohl auf Dauer verpaßt wird. Hauptsache, man hat den inneren Hausputz richtig durchgezogen. Es war nicht so recht herauszubekommen, ob das große Aufräumen, von dem sie immer redeten, echt war oder Show. Sie taten aber wirklich nicht so, als wären ihnen nur ein paar Kulissen abgestaubt worden. Tatsächlich klang es ganz ehtlich, wenn sie meinten, sie könnten jetzt ihre Gefühle sanieren und stoppen, indem sie die einfach beim nächsten Besten abladen. Naja, jedenfalls die Ausgabe hatte sich gelohnt. Schon daß man dabei gewesen ist und Anderen was davon erzählen kann, das macht's, das zahlt sich aus. Das spricht sich herum, und man hat dann so ein gewisses Image; das färbt bis in die Firma usw.

Natürlich tun sich die Absichts seither leichter miteinander. Sie fallen sich nicht mehr hinterrücks, sondern direkt auf die Nerven und sie duzen und tätscheln jetzt mehr als sonst. Nein, nicht nur einander, mehr mit Anderen, die auch entrümpelt worden sind. Man erkennt sich schnell gegenseitig an so einem gewissen Etwas: sensitiv ist eben sensitiv.

Zum großen Nonverbal sind sie dann lieber getrennt gefahren. Man fühlt sich einfach freier in der Mulde, nicht wahr, wenn alles so unter uns ist. Es könnte doch ein bißchen hemmen, wenn er oder sie einen dabei so aufgeräumt musterte. Nein, wissen Sie, von Sex natürlich keine Spur. Wir sind doch hier schließlich nicht in Californien, sondern unter

Gletschern, die in deutsche Länder träufeln. Aber es war einfach alles doll mummelig, nicht zu beschreiben. Und dann alle abwechselnd in den heißen und in den kalten Pool. Zu Hause hätte man am liebsten gleich den nächsten Tele-tower umarmt und zerquetscht oder wäre mindestens an ihm hochgehangelt, mit so sensitiven Sensationen, wissen Sie. . .

Ob sich was verändert hat seither? Ist doch klar, wir stehen einfach mehr in allem drin, vor allem aber drüber. Gott sei Dank ist jetzt in und um uns alles breitgetreten. Flach liegt's da, wir im rechten Winkel dazu. Offiziell sind wir top, laufen geölter als je zuvor, aber keiner merkt, daß wir liederlich sind, ohne daß uns noch ein Gewissen kratzt dabei. Wir sind fein heraus jetzt, denn die da oben nehmen nicht jeden, wie Sie sich denken können. Das ist nichts für Parvenüs, für Privatschnüffler oder so. Die Diskretion muß ja schließlich gewahrt sein. Wo kämen wir hin, wenn alle das so könnten? Es gäbe ja niemanden mehr, der überrascht wäre, wenn wir ihm auf den Füßen stehen oder ihn mit unseren markigen Ellenbogen knufften.

Wie, Sie auch? Ach, wissen Sie, dann erlassen wir uns das echte Getue. Was sollen wir uns anstrengen, wenn keiner dabei ist, der es nicht merkt, daß es uns längst keinen Spaß mehr macht, sensitiv zu sein.

14. Der psychiatrischen Therapie eine Prognose

Psychiatrie zwischen Eisbergen

Wer Psychiatrie heute nicht nur in den harten Zwängen des ambulatorischen und klinischen Alltags vollzieht, sondern auch die geschichtliche Lage der psychiatrischen Praxis mitdenkt, wer den immensen Forschungsausstoß unseres Faches anhand der internationalen Literatur überblättert und dabei wahrnimmt, wie beklemmend langsam die Institutionen der Therapie sich trotz dieses wissenschaftlichen Trommelfeuers wandeln, wer spürt, wie eine in immer kürzer werdenden sozialen Zeiteinheiten und Generationsumschwüngen sich wandelnde Sozietät an ihre psychologisch-medizinischen Dienste stets höher gehende, bisweilen ganz uneinlösbare Erwartungen heranträgt, der wird der Psychiatrie Jahre heißer Erörterungen ihres therapeutischen Selbstverständnisses voraussagen. Er wird mit *Rümke* vermuten, daß die schon jetzt angekränkelte „Einheit der Psychiatrie" als wissenschaftlich-didaktische Disziplin fraglich wird. Und er könnte angesichts der Kluft zwischen maximalem psychiatrischen Wissen und bescheidenem psychiatrischen Bewirken eine wissenschaftsfeindliche Zwischenepoche heraufdämmern sehen, die *Leonhard*s Besorgnis, in der Psychiatrie werde zu wenig untersucht und zu viel philosophiert, umkehrt.

Es könnte dann heißen, *wissenschaftliche* Psychiatrie sei nur mehr als therapeutische Aktionsforschung zu rechtfertigen. Nachdem sie sich 150 Jahre in kurzlebigen diagnostisch-prognostischen Umtopfungen und morphologischer Beschreibungskunst nach Art der *Linné*schen verausgabte, sei jetzt eine *Philosophie der psychiatrischen Praxis* an der Zeit, d. h. eine kritische Logistik, die trainierte Kräfte zu geeigneter Zeit mit wirksamen Behandlungsverfahren in therapeutisch und örtlich günstig organisierten Einrichtungen in Kontakt mit psychisch Abgebauten, Behinderten, Kranken, Konfliktopfern und Devianten, mit pathogenen biologischen und sozialen Situationen bringt.

Bis zum Jahre 2000 wird neu zu entscheiden sein, ob das Handeln des Psychiaters – dieses Zirkusreiters auf den beiden Pferden Gesellschaft und Medizin – institutionell mit der klinischen Medizin und personell mit der ärztlichen Heils-Praxis vereint bleiben wird. Wir Psychiater-Ärzte sehen uns gewöhnlich nicht nüchtern genug als Experten des „ungesunden Menschenverstandes" *(Srole)* und vergessen, daß der Beschluß, mit dem die Gesellschaft uns um 1800 die Versorgung der Abwegigen übertrug, jederzeit widerrufen werden kann, zumal wenn es sich zeigen sollte, daß wir einer umfassenden sozialen Aufgabe – der 10 bis

20% der Bevölkerung ausmachenden Minorität psychosozial Behinderter und Benachteiligter edukativ-rehabilitative Hilfen zu geben oder ihnen lebenslang sichernde Subkulturen bereitzustellen – nicht gewachsen waren und uns aufs Diagnostizieren und Kurieren jener verhältnismäßig kleinen Population von Hirnkranken und Prozeßpsychotikern zurückzogen, die sich zu den Diabetikern, Sklerotikern und Zirrhotikern der Körpermedizin in eine so schöne Analogie bringen läßt. Von *dieser* Domäne des Verrückten, von den Psychosen, können wir bestenfalls behaupten, sie sei durch Gewohnheitsrecht so etwas geworden wie unser Besitz. Alle anderen Devianzen der „kleinen Psychiatrie", die doch an Zahl und Problemwucht die „großen" psychiatrischen Störungen weit übertreffen – also die Unsummen der Postpsychotiker, Gedrückten, Neurotiker, Soziopathen und Süchtigen, der psychovegetativ Gestörten, der Arbeitsmüden, Frühversagenden, der Lernbehinderten und Dissozialen – verwalten wir allenfalls „im Auftrage", und es mag eine Zeit kommen, in welcher Profis nicht-medizinischer Herkunft mit wirksamen Techniken der Rehabilitation, Re-Edukation und Verhaltensmodifikation aufkommen, um uns diesen Auftrag auszukaufen.

Die wissenschaftliche beglaubigte Fregatte „Psychiatrie" kann bald von Eisbergen unterschiedlichster Machart leck geschlagen werden. Wir lernen erst in diesen Jahren und unter Schmerzen, daß wir mit jedem neuen Patienten einem neuen Informationsmangel, einer beklemmenden Informationsverzerrung auflaufen, Handicaps, die unsere Prognose und Therapie verfälschen und nur zu unterlaufen sind, indem wir das häuslich-gesellige Leben der uns Anvertrauten und ihren Alltag in den Gemächern außerhalb unserer Explorierstübchen teilnehmend mitleben.

Die Theorie der Psychopathologie spiegelt diesen Interessenwandel wider. Schon seit Jahrzehnten nicht mehr atomar, d. h. am Symptom orientiert, hat sie seit einigem auch ihr molekular-psychodynamisches Stadium hinter sich gelassen und ist nun molar ausgerichtet: psychiatrische Mengenlehre. Zumal die Interaktionstheoretiker behaupten das Feld. In ihren soziologischen Bilanzen ähneln sich die Sortiments des Unerwünschten, Unerwarteten, Unerbötigen, Unerhörten usw. so an, daß sich die Substanz der jeweiligen Devianz in eine pure Rollen-Desinvolvierung aufzudröseln scheint.

Ein anderer Eisberg wurde durch Praevalenz-Untersuchungen geortet: nur ein Bruchteil psychosozial Behinderter gerät in die Register der klinischen und ambulatorischen Dienste. Die Chance, als „psychiatrischer Fall" nicht identifiziert zu werden, wiewohl man einer ist, liegt auch in überentwickelten Ländern ziemlich hoch. Ein dritter Eisberg bedroht den Anspruch der medizinisch-psychiatrischen Therapeutik, aus ihren bio- und psycho-pathologischen Voraussetzungen eine zureichende Systematik der Hilfen entwickeln zu können. Die ärztlichen Kur-Schemata (von der Injektion und Tablette bis zur psychotherapeutisch applizierten „Droge Arzt“) decken selbst unter therapeutischen Luxusbedingungen bestenfalls einen Teil des Bedarfs der psychiatrischen Klientel.

Die Psychiatrie, immer schon gezeichnet und beschwert durch ihre Position am Rande jeder der klassischen Fakultäten und an ihrer aller Kreuzweg, wird Spannungen ausgesetzt werden, wie sie vom Deputierten *Pinel,* vom Revolutionär *Griesinger* und von den widerstehenden Psychiatern unter dem brauenen Euthanasie-Erwartungsdruck gespürt wurden. Diese Zeit fordert die psychiatrischen Funktionäre schon jetzt in äußerst disparate Rollen hinein: der psychologisch-medizinische Konsultant wird in der gesamten Notfall-Medizin, in der Ersatzchirurgie, in Dialyse- und Reanimationseinheiten sowie in den psychosomatischen Konsilien mit Gastroenterologen und Kardiologen auf eine psycho-physiologische Erfahrung hin angesprochen, welche den Ausbildungsstandard des „Vollmediziners“ voraussetzt, und ähnliches gilt für den klinischen Dienst in der psychiatrischen Intensivpflege. Die Zeit will den Psychiater aber auch als „Facilitator“ und Konfliktstrategen für alle möglichen Probleme innerhalb ihrer stets unübersichtlicher werdenden Sozialordnung. Sie will ihn als raffinierten Individual-Psychotherapeuten ebenso wie als cleveren Manager von Gruppen. Und dieser Zug der Sozietät zur Psychiatrisierung ihrer selbst – man mag ihn bedenklich oder förderlich finden –, er wird mit der anlaufenden Bevölkerungsexplosion und der Desintegration der Städte, mit der Aktivität parasozialer Gruppen, mit der Umschichtung ständischer Ordnungen im Rahmen der Automation, mit der Bildung neuer unterprivilegierter Populationen und Bildungsgefälle nur zunehmen. Der klinische Dornröschenschlaf der Psychiatrie ist vorüber, und ihr wird die Gretchenfrage gestellt werden, ob sie sich auf eine Schmalspurkompetenz für internierte Verrückte zurückziehen oder eine Psychiatrie der Gesellschaft sein will.

Diese Überallpsychiatrie der Zukunft wird keineswegs nur Ausdruck größerer Sensibilität für die psychosozialen Miseren der Unterprivilegierten sein. Sie korrespondiert auch, wie *Calston* das gezeigt hat, den Bedürfnissen der neuen Patientenklasse der *Proletbourgs,* d. h. jener Proletarier, die im Prozeß der Verbürgerlichung stehen und nun schon aus Prestigegründen wegen nichtpsychotischer und nichtorganischer Malaisen behandelt zu werden wünschen, unter denen ihre Eltern noch ihr Leben lang ohne Behandlungserwartung gelitten hatten. Zwanglos lassen sich diesen *Proletbourgs* an Zahl stetig zunehmende *Bourgprolets* an die Seite stellen: bürgerliche Intellektuelle, die durch den grassierenden Kursverlust intelligenter Leistungen auf ein proletarisches Sozialniveau gedrückt werden, zumal deren Vorgestalten: Gegenstand der auch bei uns publik gemachten „Hochschulpsychiatrie“.

Nimmt die Psychiatrie diese umfassende Rolle an – und es scheint, als müsse sie das, wenn sie nicht Suicid begehen will, denn die psychiatrische Akuttherapie wird morgen stärker als heute zum Gemisch neurologischer und internistischer Verfahren geworden und ihr von den beiden medizinischen Vettern abgenommen worden sein –, so wird sie sich und vor allem die Idee ihrer Therapeutik neu definieren müssen. Sie kann dann nicht mehr im beruhigenden Neutralismus der medizinischen Schwesterdisziplinen wie eine angewandte Naturwissenschaft sich verhalten, sondern wird hineingehalten in die wechselnden Ströme von Normierungen, die nicht vom statistischen Durchschnitt, sondern von brisanten sozial-ethischen Prozessen bestimmt werden.

Auf dem Wege zur Staats-Psychiatrie

Mein Thema provoziert gewagte Voraussagen. Den Gang theoretisch-experimenteller Disziplinen zu prognostizieren, ist weit weniger riskant als denjenigen der bio-psycho-sozialen Drillings-Praxis der Psychiatrie. Eines ist es, sich an aktuellen Konstellationen der Praxis einer Wissenschaft entlangzutasten und Vermutungen über ihre künftigen Sequenzen anzustellen. Ein anderes ist es, experimentelle Abläufe vorauszusagen. Experimente lassen sich beliebig wiederholen und variieren. Geschichte – auch das kleine Stück Geschichte einer Wissenschaft in ihr – ist nicht wiedergutzumachen. Wenn ich hier das psychiatrische Handeln der nächsten Dekaden vorauszusehen suche, so bleibt das ein recht persönlicher Blick, und meine literarische Orientierung bei Kollegen der Fachwelt, die in den letzten Jahren ähnliche Vorausblicke wagten, korrigiert ihn nur bis zu einem gewissen Grade. Viele, ja alle Fiktionen einer künftigen Psychiatrie könnten auch anders gebildet werden. Nur einem Mißverständnis möchte ich mich nicht aussetzen: Ich bin weit davon entfernt, eine ausufernde Psycho- oder Soziogenese psychiatrischer Abwegigkeiten zu predigen. Meine psychiatrische Futurologie bedürfte keines Abstrichs, wenn sich in den nächsten Jahrzehnten eine komplette Biogenesis der gesamten psychiatrischen Palette herausstellen sollte. Die Penicillin-Kur des Paralytikers ist der Auftakt zu seiner psychiatrischen Therapie, nicht ihr Ende.

Die Einheit des Lehr- und Praxis-Faches „Nervenheilkunde" ist klinisch in den meisten Ländern aufgegeben worden. In den Fachpraxen der BRD behauptet der psychiatrisch-neurologische Kombinationsspezialist noch das Feld, anachronistisch zumeist, denn er ist für Psychopharmakotherapie und Psychotherapie häufig nicht qualifiziert und lebt von den Verlegenheiten der medizinischen Therapie angesichts einer Legion von sogenannten Psychasthenikern, Hypochondern und psychovegetativ

Gestörten. Dem Durchdringen des niedergelassenen „reinen" Psychiaters stehen nicht fachliche Hindernisse, sondern Kostenschwierigkeiten entgegen. Psychiatrische Therapie (Beratung, differenzierte Pharmakotherapie, Psycho- und Sozio-Therapie, supportive Beratung, Rehabilitation usw.) kostet Zeit, persönlichen Einsatz, psychiatrisch geschulte Sozialassistenten, denn sie vollzieht sich im sozialen Feld, in der Familie, am Arbeitsplatz usw. Jeder weiß das. Solche Leistungen mit erträglichem Gewinn aus den Töpfen der Kassenärztlichen Vereinigungen zu finanzieren, würde der ständischen Finanzdynamik eine Schlagseite zur Psychologischen Medizin geben, die sich mit den Haushaltsansätzen der Kranken- und Rentenversicherung, der Arbeits- und Sozialverwaltung schlechterdings nicht verträgt. Die Situation scheint in die Richtung staatlich subventionierter psychiatrisch-poliklinischer Dienste oder zu einer kommunalisierten Psychiatrie innerhalb nationaler Gesundheitsdienste zu drängen.

Eine universelle Staats-Psychiatrie würde in Ländern wie der BRD, welche dem ständischen Konzept des freien Medizinunternehmers „Arzt" huldigen, nicht so viel verändern, wie es zunächst scheinen könnte. Denn der große Brocken der Hospitalpsychiatrie und sein ums Recht auf Therapie geprellter „außenfürsorgerischer" oder „psychohygienisch-beratender" Anhang ist seit je in der Hand der Öffentlichkeit, allerdings ihrer linken. Die Halbweg-Institutionen, soweit es sie bei uns gibt, haben zwar oft „freie" Träger, sind aber de facto halbstaatlich. Und daß die schwerfälligen Körperschaften der psychiatrischen Staatskrankenhäuser mit Versorgungsstilen initiativ würden, die der Zeit vorauseilen, läßt sich aus ihrer Geschichte bei bestem Wollen nicht ablesen. So würde eine Verstaatlichung der Psychiatrie in der BRD allenfalls den formalen Status solcher Niedergelassenen ändern, die überhaupt in nennenswertem Umfang Psychiatrie treiben. Ihnen würde mit den privaten Verdienstchancen allerdings zugleich therapeutische Rastlosigkeit entzogen, welche in einem wiederum oft unterschätzten Umfang auch psychiatrisch Behinderten zugute kommt. Die Kalamitäten und Heucheleien, welche durch eine merkwürdige gegenseitige Eigentumsbeziehung von Arzt und Patient unter dem Siegel des Privat- oder Kassen-Honorars erzwungen werden, sind sattsam bekannt, aber ich kenne auch die therapeutische Schwarzarbeit nach poliklinischem Ladenschluß. Unsere Zeit und die ihr nächstfolgende – pluralistisch und kompetitiv, wie sie gebaut sind – werden noch einen scharfen Wettbewerb beider Systeme sehen – der Staats-Medizin wie der ärztlich-unternehmerischen –, bevor der staatlich garantierte universelle Gesundheitsschutz, nicht zuletzt dank einer ohne staatliche Garantien stets miserablen psychiatrischen Versorgung, das Feld behauptet haben wird, und zwar um jeden Preis.

Staatlich verodnete Universal-Psychohygiene entspricht also offenbar bitteren Notwendigkeiten einer Population Abwegiger, die ohne rechte öffentliche Resonanz ist und ohne Lobby, verglichen mit den Körperbehinderten. Nicht ohne weiteres entspricht sie auch einer Erwartung der Träumer von der repressionsfreien Gesellschaft, die den Psychiater am liebsten zum politischen Aktivisten und zum Mädchen für alle öffentlichen Malaisen umfungiert sähen. Denn auch ein universeller psychiatrischer Gesundheitsschutz muß das harte Brot der prognostischen Widerspenstigkeit und lebenslangen Stützungsbedürftigkeit des größeren Teil der psychiatrischen Zustände kauen. Man würde einen makabren Tanz auf dem Rücken der meisten psychisch Behinderten und ihrer elementaren Hilfsbedürfnisse veranstalten, wenn man den Schwerpunkt psychiatrischen Wirkens in die Sexualaufklärung, in die Arbeit mit neurotogenen oder psychotogenen Eltern, in die Minderung von Konfliktspannungen in Schulen und Betrieben oder Staatsverwaltungen verlegte und in der „Demokratisierung" den Universalschlüssel für alles psychosoziale Leiden an und in dieser Zeit sähe. Der soziale Aufbruch der Jugend, wie ihn alle Erdteile während dieser Jahre in den eigenartigsten Motivverflechtungen zwischen reformerischem Veränderungswillen und anarchisch-nihilistischer Wirklichkeitsabkehr erleben, er sucht nicht zufällig psychiatrische Institute, zumal offene, die sich den Stil einer therapeutischen Gemeinschaft zu geben suchen, zu Turnierplätzen zu machen, wo man sich im Knacken hierarchischer und gerontokratischer Strukturen übt. Ob und wie weit diese unverkennbare Tendenz zu einer Politisierung der Psychiatrie das therapeutische Repertoire unseres „Faches", zumal ihre ein Jahrzehnt zuvor auf dem Kontinent einsetzende „sozialpsychiatrische" Akzentuierung bereichern, nivellieren oder was immer wird, ist noch schwer abzuschätzen. Sicher ist aber, daß man diese Bewegtheit nicht links liegen lassen kann, denn sie motiviert neue Kreise interessierter Menschen zu psychiatrischer Ausbildung und damit zu psychiatrischer Therapie. Das kann nicht gleichgültig sein, so lange psychiatrische Arbeit im Vergleich zu medizinischer und sozialer Arbeit unattraktiv ist und quantitativ wie qualitativ ein personeller Mangel herrscht, der neue therapeutische Ansätze, welcher Art auch immer, Plan und Papier bleiben läßt.

Psychiater und Soziater

Wer praxisnah ausbildet und dabei auf ein Berufsbild eigenständiger therapeutischer Kompetenz zielt, wird zugleich Menschen an sich ziehen. Diese Erfahrung wird auch künftig gelten, und man kann der psychiatrischen Therapeutik sicher voraussagen, daß sie keine großen Sprünge machen wird, wenn nicht praktikabler und einfallsreicher als bisher ausgebildet wird.

Für den Kombinationsfacharzt in Psychiatrie und Neurologie besteht bereits bei der derzeitigen Spezialisierung der psychiatrischen Therapie – ich sagte es schon – kein echter Bedarf mehr. Das gegenwärtige Trainings-Programm des psychiatrischen Facharztes mit seiner summarischen Forderung eines so und solange währenden klinisch-stationären Dienstes ohne präzise Ausbildungsthemen und Lernziele ist völlig unzureichend. Ein Minimalprogramm sollte dem Assistenten während seiner Rotation durch die psychiatrischen Arbeitsbereiche neben der obligaten klinischen Erfahrung eine solide Kompetenz in psychiatrischer Gruppenarbeit und Soziotherapie, eine systematische Themenfolge aus den neurobiologischen und psychopathologischen Grundlagenwissenschaften und im letzten Ausbildungsabschnitt Möglichkeiten der Wahl einer psychotherapeutischen, neuropsychologischen oder neurologischen Zusatzspezialisierung garantieren.

In einiger Zeit – ich zweifle daran nicht – wird man mit dem Allround-Psychiater nicht mehr auskommen und drei unterscheidbare Spezialisten innerhalb der Psychiatrie mit eigenen Ausbildungsgängen zu bedienen haben: den *Allgemeinpsychiater* für die klinisch-poliklinischen Dienste mit einem obligaten Teiltraining in Neuro(psycho)logie, den *Psychosomatiker* mit obligatem Teiltraining in Psychophysiologie und Innerer Medizin, den *Sozialpsychiater* für alle soziotherapeutischen Spezialdienste mit obligatem Teiltraining in psychiatrischer Gruppenarbeit und Soziologie. Man bemerke: von einem Psychotherapie-„Spezialisten" ist nicht die Rede. Ich hoffe, daß die Zukunft meiner Erwartung Recht geben wird, Psychotherapie – geschulte zwar, aber nicht verschulte – sei Achse des therapeutischen Tuns jedes dieser drei psychiatrischen Experten. Allerdings wird es mühsam sein, innerhalb der psychiatrischen Ausbildungskörper ein so breites Angebot an Supervision und begleitendem Lernen aller praktikablen Individual- und Gruppen-Techniken zu machen, daß kein Bedarf nach einer speziell-psychotherapeutischen Abendschule mit ihren Indoktrinationsritualen und den Nachteilen ideologisch forcierter Kastenzugehörigkeit bleibt.

Tun wir noch einen Schritt weiter in die Zukunft der sogenannten akademisch trainierten Therapeuten der Psychiatrie. In Frankreich lösten sich einige Psychiatrieschulen nach den Ereignissen des Mai 1968 aus dem Verband der medizinischen Fakultäten und schlossen sich den sozialwissenschaftlichen Bereichen an. Das signalisiert eine Möglichkeit der Emanzipation der Psychiatrie in Richtung eines gesellschaftswissenschaftlichen Selbstverständnisses und könnte Vorspiel zu einem neuen Berufsbild „*Soziater*" gewesen sein. Zur Zeit muß der beginnende Student ein knappes Dutzend Jahre daran setzen, bis er in seine spezielle Kompetenz gelangt. Ich denke, daß dieser schwerfällig zusammengestückten medico-psychiatrischen Ausbildung zur Hälfte verschleuderte Zeit steckt und kann mir sehr wohl kompetente Psychiater von 25 Jahren vorstellen. Allerdings müßten sie ein „maßgeschneidertes“ Training haben: intensives medico-biologisches Grundstudium von 2 Jahren, an das sich eine vierjährige Praxis entweder in Psychologischer Medizin („Psychiater“) oder in Soziologischer Medizin („Soziater“) anschließt.

Die makabre Tendenz aller neueren Studienprogramme (einschließlich der neuen medizinischen Approbationsordnung der BRD), die soziale Nesthockerphase akademisch ausgebildeter Menschen immer weiter in das vierte Lebensjahrzehnt vorzuschieben, wird zum neurotisierenden Faktor *par excellence* und fördert uneingesehen die Meinung, die heutige Universität wandele sich von einer hierarchischen zu einer demokratischen Struktur, wo sie sich doch allenfalls – wie *Müller-Suur* mit Recht vermerkt – von einer „Gelehrtenrepublik“ zu einem „kapitalistischen Großbetrieb“ verändert.

Wie überall in der Welt macht man heute auch in der Psychiatrie der Team-Arbeit Lippenbekenntnisse, verschweigt aber die Aufwendigkeit und Redundanz solcher Kommissionen aus psychiatrischen, psychologischen, soziologischen, administrativen und anderen „Experten“. Man sieht dabei hartnäckig am ökonomischen Faktum vorbei, daß nur Institutionen mit speziellen Forschungsaufgaben sich solche „Teams“ halten können. Für die Breite der therapeutischen Praxis sind sie nicht zu haben und im Grunde auch nicht erwünscht. „Psychiater“ und „Soziater“ künftiger Machart könnten das anwachsende psychosoziale Kompetenzfeld der Medizin ökonomischer und elastischer abdecken als überzüchtete Teams. Der soziatrische Ausbildungsgang würde überdies die Legion der an Psychologie und Soziologie interessierten Studenten zu einem handfesten gesellschaftsbezogenen Berufsbild hinleiten und sie vor enttäuschenden Jobs als sterile Psychodiagnostiker oder als Assistenten von Konzernherren bewahren.

Therapeutisch relevante Teams werden dagegen von einem „Psychiater“ bzw. „Soziater“ als klinisch-therapeutischem bzw. soziotherapeutischem Berater mit den jeweiligen „Therapeuten“ einer Station, einer therapeutischen Gruppe oder Gemeinschaft, einer Tag- oder Nacht-Klinik, einer Wohngruppe oder industriellen Rehabilitationseinheit gebildet. „Therapeuten“, das sind die entscheidenden Träger der psychiatrischen Therapie, Nachfahren der jetzigen Psychiatrie-Schwestern, also klinisch oder soziotherapeutisch speziell trainierte Menschen („Klinikassistenten“, „Soziotherapeuten“ oder wie immer man sie nennen wird), denen man ein dreijähriges, ebenso maßgeschneidertes Training geben wird, des weiteren psychiatrische Ergotherapeuten oder „Rehabilitations-Assistenten“ (die jetzigen Beschäftigungstherapeuten) und psychiatrische „Sozialassistenten“ (die jetzigen Sozialarbeiter), ebenfalls mit einem erwünschten dreijährigen, von Beginn an psychiatrisch ausgerichteten Training.

Eine Synchronie der Ausbildungsgänge würde Prestige- und Tarif-Differenzen unterbinden, welche die Zusammenarbeit im Team bekanntlich stark belasten können. Fehlen noch im Spektrum psychiatrischer Therapeuten die „Laien". Einer künftigen Psychiatrie, die nicht nur nach dem Open-door-System funktioniert, sondern ein offenes System der Sozietät ohne Diskriminierungsgefälle darstellt, wird die Mitarbeit von Laien als freiwillige Helfer oder Rehabilitationshelfer (nach Mitlauftraining von drei bis sechs Monaten) selbstverständlich sein.

Solche personalpolitischen Überlegungen zu einer kommenden psychiatrischen Therapeutik rennen bei Bildungsplanern und Trägern sowie Senioren psychiatrischer Einrichtungen noch keineswegs offene Türen ein. Nirgendwo ist in den letzten Jahren so viel gebastelt und geflickt worden wie an den Ausbildungsgängen und Tarifordnungen der sogenannten „Heilhilfsberufe". Wenn auf diesem Gebiet nicht bald gründlich abgestaubt wird, und d. h. zunächst: wenn die psychiatrischen Mediziner weiterhin starr auf ihrem „Therapie"-Privileg bestehen, dann wird die Psychiatrie (und mit ihr manches andere von „Akademikern" kontrollierte medizinische und soziale Gewerbe) weiterhin an einer üblen Prognose kranken. Länder wie die USA, UDSSR u. a. verfügen bereits über ein Spektrum psychiatrisch spezialisierter Therapeuten und haben damit den Fuß in der Tür der Zukunft.

Not-Tugend der Kollektiv-Therapeutik

Häufig und mit Recht nennt man die Psychopharmakotherapie eine unauflösliche Klammer zwischen Psychiatrie und Medizin. Fraglos werden uns in den nächsten Jahren pharmakologische Spezialitäten mit neuen Indikationen und prägnanteren Zielsyndromen beschert. Ebenso fraglos ist aber auch, daß jede künftige, wie schon alle bisherige Psychopharmakotherapie ebenso viel neue Psychotherapie und Soziotherapie herausfordert und damit den psychosozialen Akzent der Psychiatrie eher fördert. Wahrscheinlich wird es zunehmend weniger Alternativen zwischen biologischen und psychologischen Therapien geben. Schulischer Purismus, Einmannverfahren und einsame therapeutische Entschlüsse werden weniger gefragt sein. Eine pragmatisch-eklektische Einstellung wird die Mitglieder der therapeutischen Kette kennzeichnen, wenn sie die Behindertengruppen Hand in Hand mit Standardverfahren versorgen.

Es würde töricht sein, die Hände zusammenzuschlagen über ein Geschick der Egalisierung, das psychiatrisches Handeln mit allen sonstigen technischen Vollzügen in einem Zeitalter der Egalisierung aller soziokulturellen Umstände teilt. Bald wird es selbstverständlich sein, Parameter der Verhaltensmodifikation durch Psychopharmaka, Psychotherapie, Ergotherapie usw. unter Standardbedingungen im transkulturellen Vergleich zu bestimmen, psychiatrische Versorgungssysteme international abgestimmt zu planen, transkulturelle Experimente in psychohygienischer Öffentlichkeitsarbeit u. a. zu veranstalten. Das jetzt noch wenig verbindliche Wirken der supranationalen Organisationen unseres Gebietes (Mental Health Section der WHO, WFMH, Psychiatric World Organization) wird stringenter sein. Dies alles setzt natürlich voraus, daß *eine* psychiatrische Klassifikation weltweit anerkannt wird. Ein positives Vorzeichen hierfür: die zunehmende Verwendung der letzten (8.) Revision der ICD. Wenn solche nosologischen Klassifikationen, die sich letztlich alle auf *Kraepelins* dreiblättrige Urpflanze zurückleiten lassen, wahrscheinlich auch in Zukunft einen gewissen Wert behalten, so gehört doch wenig Phantasie dazu, ihre Ablösung durch taxonomische Ordnungen abweichenden Verhaltens ohne Rücksicht auf die traditionelle Nosologie vorauszusagen. Natürlich setzt die Standardtherapie von morgen eine computergerecht erfaßte Anamnese, einen entsprechend formalisierten Befund sowie therapeutische Verlaufsdaten und eine Katamnese derselben Machart voraus. Wenn man weiß, wie mühselig es ist, Befundskalen und Fragebögen von einiger Praktikabilität zu entwickeln, wird man in solchen Neuerungen ein wirksames Mittel gegen nationale psychiatrische Eigenliebe und therapeutische Institutsschrebergärten vorderhand noch nicht sehen. Mit ihrer Krankengeschichte verliert die Psychiatrie in nächster Zeit freilich das, was *Manfred Bleuler* mit Recht als einen „Bahnbrecher“ *und* einen „Bremsklotz“ ihres Fortschritts bezeichnete.

Kein Zweifel: Rationalität, Ökonomik und Kollektivität werden die psychiatrische Therapeutik bald ebenso bestimmen, wie sie heute bereits die automatische Überwachung und therapeutische Kontrolle auf Intensivpflege-Einheiten beherrschen.

Was der psychiatrischen Therapeutik organisatorisch vorgegeben wurde, ist ebenso bekannt wie übel: eine Zentralisierung in totalen, bettenzentrierten Institutionen und zwischen ihnen therapeutisches Niemandsland, das Panorama einer detentiv verwalteten Verrücktheit nach dem Modell von Administrationen in Feudalstaaten. Diese Hypothek wird heute in zarten Ansätzen und morgen – wenn Wunschdenken mich nicht beirrt – in aller Entschiedenheit abgetragen in der Richtung einer dezentralisierten „Psychiatrie ohne Bett“. Dies Schlagwort, das ich vor einigen Jahren in die Diskussion warf, ist mißverstanden worden. Es muß und wird auch weiterhin Betten-Einheiten geben, aber nicht als abseitige Groß-Ghettos, in welche man die Behinderten karrt, wenn es anders nicht mehr geht, und aus welchen man sie herauskatapultiert, wenn sie mühsam ein Verhalten gelernt haben, das die therapeutische Ghetto-Polizei glauben macht, es könne nun auch wieder anders gehen. Künftige Betten-Einheiten (psychiatrische Notfallstationen, Pflegeeinheiten für

Abgebaute jedweder Art, Wohngruppen usw.) werden vielmehr locker gestreute Verdichtungspunkte eines umfassenden poliklinisch-psychiatrischen Netzwerkes sein, eingeordnet in medizinische oder soziale Institutionen, welche auch anderen als psychisch Behinderten dienen. Solche gemeindenahen Dispensaire-Systeme haben inzwischen in vielen Distrikten osteuropäischer Staaten, in England, den USA, Holland und Skandinavien ihre Feuerprobe bestanden. Ob sie teurer oder billiger sind als das traditionelle Betten-Lücke-Sprechstunden-System, ist offen. Sicher ist, daß sie mehr und zu eigenständigem Wirken besser befähigte Therapeuten brauchen. Die Qualität des psychiatrischen Dienstes ihrer letzten Bezirksstadt ist die sozialethische Visitenkarte eines Landes.

Psychiatrisches Fließband

Das neue System steht und fällt mit drei therapeutisch-organisatorischen Pfeilern: der *therapeutischen Region,* der *therapeutischen Kette* und der *Therapeuten-Kontinuität.*

Die *therapeutische Region* (Sektor, Rayon, *catchment area,* Versorgungsbezirk) meint, daß für Populationen einer je nach urbanen oder ruralen Gegebenheiten unterschiedlich großen geographischen Zone (mit nicht mehr als einhundert- bis zweihunderttausend Einwohnern) eine einheitliche Therapeutengruppe in stehenden und mobilen Diensten zur Verfügung steht, die zugleich *alle* psychiatrischen Bedürfnisse dieses Bereiches erfüllt. (Ob und wie weit für schwere cerebrale Dauerschäden mit starken Verhaltensstörungen zentralisierte Spezialdienste erforderlich sind, steht noch dahin.) Die organisatorische Makrostruktur einer solchen Region verkettet die unterschiedlichen Dienste so miteinander, daß der Psychisch Behinderte in diesem gleitenden System eine neue Karriere als „intermittierender Patient" hat und damit jeweils Zugang zu demjenigen therapeutischen Ort gewinnt, der seinem Problem entspricht. Solche *therapeutische Ketten* funktionieren zur dann, wenn in ihrer personellen Mikrostruktur das Prinzip der *Therapeuten-Kontinuität* verwirklicht wird, wenn der Behinderte also in den unterschiedlichen Stadien seiner Therapie oder Rehabilitation von demselben Therapeuten, besser: demselben Therapeuten-Duo, zumindest aber derselben Therapeutengruppe begleitet wird.

Ein derartiges System läßt sich leicht schematisieren, aber nur mühsam realisieren. Man braucht dazu aktiv mitwirkende Gebietskörperschaften als Träger der Behindertenversorgung. Man muß den öffentlichen Gesundheitsdienst, den allgemeinen Sozialdienst und die praktizierenden Ärzte für die Sache gewinnen. Neue, dezentralisierte Einrichtungen müssen geschaffen werden, und die Erfahrung zeigt, daß es ihren

Effekt nicht verringert, wenn sie nicht neu gebaut, sondern in gegebenen Gebäuden des Versorgungsgebietes angesiedelt werden. Zumal aber bedarf es geschulter kritischer Therapeuten, die mit einzelnen oder Gruppen von psychisch Behinderten ebenso eigenständig wie kooperativ arbeiten können. Die tragenden Therapeuten eines solchen Systems sind psychiatrisch trainierte Schwestern, Pfleger, Sozialarbeiter, Ergotherapeuten – Vorgestalten jener künftigen Soziotherapeuten, von denen schon die Rede war. Sie sind nicht mehr Helfer des Psychiaters. Er ist vielmehr ihr Helfer und als Supervisor, Konsultant und Spezialist zwischen den von ihnen getragenen Diensten und Einrichtungen „unterwegs".

Das letzte Jahrzehnt ließ über Funktion und Dysfunktion solcher Fließbänder im Rahmen psychiatrischer Gemeindezentren manches erfahren. Wer solche Systeme für durchsetzungswürdig hält, wird sich für ihre Gefahren, für den Sand in ihrem Getriebe interessieren. Der Rollentausch vom Helfer des Psychiaters zum Psychiater-beratenen Therapeuten sowie vom assistierten Psychiater zum Berater eines oder mehrerer Therapeuten, die nicht Psychiater sind, bringt Konflikte. Solche Konflikte gehen mit Verunsicherung, Arroganz, utopischen Verstiegenheiten, syndikalistischen Träumereien und anderen Symptomen einer Rollendiffusion einher. Sie lassen sich nicht durch den Notschrei nach einem schlichtenden Dritten (etwa einem Institutionsberater) aus der Welt schaffen, sondern müssen ausgestanden werden, und zwar so demokratisch – wie der Patient, d. h. sein Bedürfnis nach präsenten, stabilen Therapeuten das erlaubt. Eine Reihe psychiatrischer Gemeindezentren sah man scheitern, deren Therapeuten-Teams der harten Alltags-Arbeit mit den Behinderten auswichen, um zuerst ihre „gesellschaftlichen Verhältnisse" zu sanieren und dann die „Verhältnisse" schlechthin. Zweifellos gibt es in allen Himmelrichtungen dieser Welt Miseren der „Verhältnisse" unterschiedlichsten Gepräges. Sie zu „kurieren" ist eine Sache des politischen Umganges mit den gesellschaftlichen Possibilitäten, u. a. mit der Macht. Ebensowenig ist zu bezweifeln, daß es von Land zu Land unterschiedlich miserable „psychiatrische Verhältnisse" gibt. Sie werden am Karren der allgemeinen „Verhältnisse" mitgeschleppt, und wer die „psychiatrischen Verhältnisse" kurieren will, fährt gut, wenn er sich mit denen ins Geschirr legt, welche den allgemeinen Karren flott machen wollen. Aber es gibt drittens eine nicht im mindesten bezweifelbare immanente Miserabilität der psychiatrischen Zustände selbst, und wenn diese vom Therapeuten mit den miesen „Verhältnissen" verwechselt wird, so therapiert, redet oder politisiert er über den Patienten hinweg und vollzieht in Unsicherheit vor dessen essentieller Problematik eben jene Wirklichkeitsflucht, die zu kurieren er da ist.

Wer psychiatrisches Handeln politisiert, ist am Ende mit seiner Therapie und steht am Anfang der Indoktrination. Wer Politik nicht mit der Psychiatrie, sondern für sie, aber für sie als Plateau der Patientenbedürfnisse macht, wird möglicherweise dem Einfahren neuer Versorgungsstrategien und rationeller therapeutischer Techniken voranhelfen. Möglicherweise, denn die Frage, wann und bei welchen Behinderten eine Therapie vorwiegend ein Anpassungsverhalten an bestehende Sozialordnungen zu begünstigen hat, wann sie sich in einem versagungs- und erwartungs-armen therapeutischen Feld vollziehen kann, ob sie die triebdynamischen Karten eines Patienten aufblättert oder verdeckt, ob sie ihn abseits läßt und dafür einen ihm nahestehenden Angehörigen in die Patienten-Rolle bringt, ob sie ihn ausstanzen kann als biologischen Anonymus oder ihn mitsamt seiner sozialen Sippschaft ergreift – diese Frage beantworten weder eine fatale politisierte Psychiatrie noch eine förderliche psychiatrische Politik. Die Antwort auf sie ergibt sich vielmehr unabschiebbar aus der jeweiligen Situation zwischen Patient und Therapeut.

Die Zukunft wird einen gewandelten Typ des Psychiaters sehen und brauchen: weniger geheimnisumwittert, weniger selbstherrlich, delikat Therapeuten untereinander und mit ihren Patienten vermittelnd, einen „Funktionär“ therapeutischer Begegnung, einen Poeten dessen, was in und zwischen den Menschen Leid mindert.

Die Kapitel 7, 8 und 14 stellen gekürzte Fassungen der unter den Titeln „Die Verrücktheit, die Armut und wir" – Nervenarzt 38 (1967) 89 –, „Der Egopath : Problemkind der Familienforschung bei Schizophrenen" – Sozialpsychiatrie 3 (1968) 19 – und „Eine Prognose der psychiatrischen Therapeutik" – Nervenarzt 44 (1973) 184 – im Springer Verlag erschienenen Beiträge dar.

Literatur

Avenarius, R.: Die diagnostische Anfangssituation. Nervenarzt *39*, 52 (1968).
Baeyer, W. v.: Psychologie am Krankenbett. Gesundheitsfürsorge/Gesundheitspolitik 7, 197 (1958).
Baeyer, W. v.: Ein Fall von schiozphrenem Schuldwahn. In: *H. Kranz* (Hrsg.): Psychopathologie heute. Stuttgart (Thieme) 1962.
Baeyer, W. v., H. Häfner und *K. P. Kisker:* Psychiatrie der Verfolgten. Berlin, Göttingen, Heidelberg (Springer) 1964.
Benedetti, G.: Klinische Psychotherapie. Bern, Stuttgart (Huber) 1964.
Bergius, R.: Formen des Zukunftserlebens. München 1957.
Binswanger, L.: Grundformen und Erkenntnis menschlichen Daseins. 2. Aufl. Zürich 1952.
Binswanger, L.: Drei Formen mißglückten Daseins. Tübingen (Mohr) 1956.
Binswanger, L.: Der Mensch in der Psychiatrie. Pfullingen (Neske) 1957.
Binswanger, L.: Wahn. Pfullingen (Neske) 1965.
Cayrol, J.: Lazarus unter uns. Stuttgart 1959.
Devereux, G.: Angst und Methode in den Verhaltenswissenschaften. München (Hanser) 1972.
Dörner, K.: Bürger und Irre. Frankfurt a. M. (Deutsche Verlagsanstalt) 1969.
Elrod, N.: Das Problem des Sich-kennen-lernens in der chronisch schizophrenen Situation. Jb. Psychother. *10,* 80 (1961).
Erikson, E. H.: Kindheit und Gesellschaft. Zürich, Stuttgart (Klett) 1957.
Ey, H.: Das Bewußtsein. Berlin (De Gruyter) 1967.
Fontane, T.: Schach von Wuthenow. München (Nymphenburger) 1969.
Foucault, M.: Histoire de la folie à l'âge classique. Paris 1961.
Frank, A.: Geschichten und Ereignisse aus dem Hinterhaus. Frankfurt a. M. (Fischer) 1960.
Freud, S.: Gesammelte Werke. London 1948 ff.
Gadamer, H.-G.: Wahrheit und Methode. 2. Aufl. Tübingen (Mohr) 1965.
Gebsattel, V. v.: Prolegomena einer medizinischen Anthropologie. Berlin, Göttingen, Heidelberg (Springer) 1954.
Goffman, E.: Asyle. Frankfurt a. M. (Suhrkamp) 1972.
Häfner, H.: Prozeß und Entwicklung als Grundbegriffe der Psychopathologie. Fortschr. Neur. *31,* 394 (1963).
Heidegger, M.: Erläuterungen zu Hölderlins Dichtung. 2. Aufl. Frankfurt a. M. (Klostermann) 1951.
Hofer, G.: Kasus und Norm. Confin. psychiat. *2,* 95 (1959).
Husserl, E.: Theorie der phänomenologischen Reduktion. In: Husserliana. Bd. VIII. Den Haag (Nijhoff) 1959.
Jaspers, K.: Allgemeine Psychopathologie. Berlin (Springer) 1913.
Kirchhoff, H.: Grundriß einer Geschichte der deutschen Irrenpflege. Berlin 1890.
Kisker, K. P.: Dialogik der Verrücktheit. Ein Versuch an den Grenzen der Anthropologie. Den Haag (Nijhoff) 1970.
Kisker, K. P.: Mediziner in der Kritik. Allmacht und Ohnmacht einer Heilswissenschaft. 2. Aufl. Stuttgart (Enke) 1975.
Lacan, J.: Schriften I. Olten, Freiburg i. Br. (Walter) 1973.
Leonhard, K. und *S. v. Trostdorf:* Prognostische Diagnose der endogenen Psychosen. Stuttgart (Thieme) 1964.
Levi, P.: Ist das ein Mensch? Frankfurt a. M., Hamburg 1961.

Lidz, T.: Zur Familienumwelt der Schizophrenen. Psyche *13,* 1943 (1959).
Minkowski, E.: L'anaesthésie affective. Ann. Méd. Psychol. *104,* 80 (1946).
Moritz, K. P.: Anton Reiser. Berlin 1952.
Müller, E.: Psychotherapie eines chronisch Schizophrenen. Psyche *9,* 350 (1955).
Müller-Suur, H.: Über die Wirksamkeit allgemeiner Sinnhorizonte im schizophrenen Symbolerleben. Stud. Gen. *6,* 357 (1953).
Müller-Suur, H.: Anstöße 1971, S. 28.
Parsons, T.: The social structure of the family. In: *R. N. Anshen* (Edit.): The family, its function and destiny. New York 1949.
Plügge, H.: Der Allgemeinzustand des Schwerkranken. In: Arzt im Irrsal der Zeit. Göttingen 1956.
Plügge, H. und *R. Mappes:* Befinden und Verhalten herzkranker Kinder. In: Befinden und Verhalten. Stuttgart 1961.
Rubinowicz, D.: Das Tagebuch. Frankfurt a. M. (Fischer) 1960.
Rümke, H. C.: Eine blühende Psychiatrie in Gefahr. Berlin, Heidelberg, New York (Springer) 1967.
Schneider, K.: Klinische Psychopathologie. 8. Aufl. Stuttgart (Thieme) 1967.
Sheff, T.: Being mentally ill. Chicago 1966.
Siirala, M.: Die Schizophrenie des Einzelnen und der Allgemeinheit. Göttingen 1961.
Spiegelberg, H.: Phenomenology in Psychology and Psychiatry. Northwestern University Press, Evanston 1972.
Tellenbach, H.: Melancholie. 2. Aufl. Berlin, Göttingen, Heidelberg (Springer) 1975.
Theunissen, M.: Der Andere. Berlin (De Gruyter) 1965.
Valéry, P.: Die fixe Idee. Frankfurt a. M. (Suhrkamp) 1965.
Weber, M.: Die „Objektivität sozialwissenschaftlicher und sozialpolitischer Erkenntnis". In: Gesammelte Aufsätze zur Wissenschaftslehre. Tübingen 1951.
Wilder, T.: Der achte Schöpfungstag. Frankfurt a. M. (Fischer) 1975.
Wyss, D.: Beziehung und Gestalt. Göttingen (Vandenhoeck & Ruprecht) 1973.
Wyss, D.: Mitteilung und Antwort. Göttingen (Vandenhoeck & Ruprecht) 1976.
Zutt, J.: Über verstehende Anthropologie. In: Psychiatrie der Gegenwart, Bd. I/2. Berlin, Göttingen, Heidelberg (Springer) 1963.